투자로 이익을 내는 사람들의 45가지 원칙

일러두기

- 책에 나온 도표 및 자료 등은 2021년 4월을 기준으로 합니다.
- 본문 괄호 안의 설명 중 역자 주는 '옮긴이'로 표기했고, 그 외에는 원문에 따랐습니다.

TOUSHI DE RIEKI WO DASHITEIRU HITOTACHI GA DAIJI NI SHITEIRU 45 NO OSHIE written by Yuichiro Ichikawa, Global Financial School.

Copyright © 2021 by Yuichiro Ichikawa, Global Financial School.
All rights reserved.
Originally published in Japan by Nikkei Business Publications, Inc.
Korean translation rights arranged with Nikkei Business Publications, Inc.
through Danny Hong Agency.

손실 없는 수익으로 이끄는 투자 수업

투자로
이익을 내는
45 사람들의
가지 원칙

이치카와 유이치로 지음 · 유윤한 옮김

서울문화사

| 투자는
　　　풍요로운 삶을
살기 위한 것이다

투자를 통해 수익을 얻는 방법은 있다

'주식이나 부동산 투자로 돈을 버는 사람들은 도대체 어떻게 하는
것일까?'

　투자를 막 시작한 사람, 혹은 앞으로 투자를 하려는 사람이라면 누
구나 한번쯤 이런 소박한 의문을 품어보았을 것입니다. 그런데 초보
자뿐만이 아닙니다. 수십 년 동안 투자해온 베테랑 개인투자가나 투
자가 직업인 펀드매니저 등 전문가들도 똑같은 생각을 한다고 보면
됩니다. 왜냐하면 '투자로 이익을 내는 것'은 투자에 뛰어든 모든 사
람의 최종 목표기 때문입니다.

　결론부터 말하자면, 투자로 수익을 내는 방법은 있습니다! 즉, 투
자로 이익을 내는 '원칙'이나 '법칙' 같은 것이 있다는 말입니다. 따
라서 그 비결을 알고 따르면, 누구나 투자로 수익을 낼 수 있습니다.
말하자면, 이 비결은 투자의 승리 방정식이라 할 만한 것으로, 지극

히 평범한 개인투자가들 중에서도 많은 사람이 이를 익힌 뒤, 긴 안목을 가지고 흔들리지 않는 자세로 실천해 착실하게 수익을 올리고 있습니다.

투자는 결코 복권이나 경마 같은 도박이 아닙니다. 그렇다면 투자와 도박은 어떤 게 다를까요? 한마디로 말하자면, '재현성'이 있느냐 없느냐의 차이입니다. 예를 들어 어떤 사람이 복권으로 50억 원에 당첨되었다고 칩시다. 만일 누군가 이 사람 흉내를 내려고 같은 복권 매장에 가서 같은 매수로 복권을 사도 똑같이 50억 원에 당첨되는 일은 거의 없습니다. 그 이유는 간단합니다. 앞사람은 우연히 추첨을 통해 당첨되었을 뿐이므로, 그 과정을 그대로 재현할 수 없기 때문입니다.

그러나 투자는 다릅니다. 전과 똑같은 방식으로, 똑같이 수익을 얻을 수 있습니다. 즉, 재현할 수 있습니다. 그리고 이처럼 재현하도록 해주는 것을 투자의 원칙이자 법칙이라고 할 수 있습니다.

성공적인 투자를 위한 '원칙'을 따르는 것은 결코 남을 그대로 흉내 내는 것이 아닙니다. 우선 자본주의 경제활동의 기본적 구조를 이해하고, 금융 상품의 특성이나 거래가 이루어지는 과정 등을 정확히 알아야 합니다. 그리고 투자하는 상품 및 종목을 분석하고 선택하는 방법의 핵심을 제대로 배워 몸에 익혀야 합니다. 이렇게 말하면 얼핏 복잡하고 어려워 보이지만 전혀 그렇지 않습니다. 앞으로 본문에서 계속 되풀이해서 이야기하겠지만, '습관'을 만들어 계속해나가다 보면 누구나 할 수 있습니다.

자신의 라이프 플랜에 맞는 투자를 위해

이 책은 습관을 만들어 따라 할 수 있는 '성공 투자를 위한 원칙'을 평범한 개인투자가, 그중에서도 초보 투자자들에게 알리고 싶은 마음에서 기획한 것입니다. 따라서 초심자도 이해하기 쉽도록 중요한 내용을 45가지로 정리해, 최대한 이해하기 쉽게 설명하고 있습니다.

지금까지의 투자 관련 서적들을 살펴보면, 크게 두 가지로 나뉩니다. '경제나 거래의 구조를 설명하는 책'과 '개인적인 경험을 바탕으로 투자를 통해 수익을 올리는 방법을 알려주는 책'이 대부분입니다. 전자는 이론만 내세우는 경향이 있어 조금 읽기 어렵고, 후자는 재미있게 읽을 수는 있지만 보편성은 부족하다는 것이 저의 솔직한 의견입니다. 요컨대 투자 참고서로서 별로 도움이 되지 않는 책들이 많다고 생각합니다.

이 책은 기존에 출간된 이런 투자서들과는 확실히 다르게 접근하고 있습니다. 독자층을 평범한 개인투자가로 좁혀, 독자들이 저마다 자신의 라이프 플랜을 세울 때 어떤 목적으로 투자해 어떻게 자산을 운용하고 있는지를 돌아볼 수 있게 해줍니다. 그리고 그 과정에서 어떤 금융 상품과 종목을 선택해야 하는지를 알려주며, 어떤 자세로 실천해야 하는지도 독자 입장에서 설명하고 있습니다. 따라서 독자 여러분들은 이 책을 통해 기존의 투자서들에서는 얻기 어려운 지식과 사고방식을 알게 될 것입니다. 그뿐만 아니라 수익을 올리기 위한 중요한 포인트들을 효율적으로 배워두면 큰 실패를 피하게 되리라 확신합니다.

독자 여러분들이 이 책에 실린 '45가지 원칙'을 꾸준하게 읽어나가다 보면, 투자가 무엇인가를 이해하고, 투자의 핵심을 알 수 있을 것입니다. 그리고 이 책을 다 읽었을 때는 '라이프 플랜에 맞춘 자신만의 투자 계획'을 제대로 정리할 수 있다고 믿습니다.

아마추어 개인투자가에게 유리한 시대가 왔다!

아직도 투자에 대한 오해와 편견이 넘치고 있습니다. 투자를 한다고 하면, 왠지 '편하게 돈을 번다'고 생각하는 사람이 많습니다. 하지만 그것은 잘못된 인식입니다.

자세한 것은 본문에서 말하겠지만, 투자는 노동과도 같습니다. 우리가 회사에서 받는 월급은 우리의 몸과 시간을 바쳐 열심히 일한 노동의 대가입니다. 말하자면 회사 사업에 자신의 몸과 시간을 투자해서 얻은 수익입니다.

이는 자본주의경제를 이루는 기본 체계이며, 투자도 마찬가지입니다. 주식에 투자하는 것은 내 몸과 시간 대신 돈을 그 회사에 제공함을 뜻합니다. 즉, 주식투자로 얻은 수익은 내 돈이 일한 결과에 따라 얻은 것이므로, 정당한 수익입니다.

수익을 얻는 일에 대해서는 잠시 생각해봐야 할 문제가 있습니다.

우리가 회사에서 아무리 열심히 일해도, 회사가 제공하는 제품이나 서비스가 고객에게 환영받지 못하면 매출은 늘지 않고 수익도 나오지 않습니다. 최악의 경우엔 제품이나 서비스가 팔리지 않아 회사가 망해버릴지도 모릅니다. 그렇게 되면 우리는 일한 만큼의 월급을 받지 못할 수도 있습니다.

투자도 마찬가지입니다. 주식을 매수한 것은 나의 소중한 자산을 기업에 사업자금으로 제공한 것입니다. 그런데 만일 그 기업이 고객이 좋아할 만한 상품이나 서비스를 제공하지 못한다거나 사회에 공헌할 수 있는 사업활동을 하지 못한다면, 매출은 줄어들고 최악의 경우엔 도산합니다. 그렇게 되면 매수한 주식은 휴지나 다름없게 되어버립니다. 이것이 주식투자의 최대 리스크입니다.

이런 리스크를 피하려면 어떻게 해야 할까요? 열심히 공부해 지식을 쌓고, 기업에 대한 정보를 모아 분석한 뒤 좋은 종목(기업)을 골라 투자하는 방법밖에는 없습니다. 모든 것은 나 자신의 노력에 달려 있습니다.

IT화가 가속화되는 시대에는 정보 자체에 큰 격차가 없습니다. 아마추어 개인투자가도, 프로라고 불리는 전문투자가도 같은 정보를 입수할 수 있는 시대입니다. 또, 투자에 수반되는 수수료는 극적으로 내려가고 있어, 마음만 먹으면 개인투자가들도 전문투자가들과 대등하게 싸울 수 있는 시대가 되었습니다.

앞으로는 아마추어 개인투자가가 프로보다 유리한 시대가 되지 않을까 예측해봅니다. 그 이유에 대해서도 본문에서 자세히 설명할 예정입니다. 요컨대 개인투자가가 적은 금액으로 투자를 시작해 큰 자산을 손에 넣을 수 있는 시대가 되었다는 사실을 아셨으면 합니다.

누구나 인생의 목적은 풍요롭고 행복하게 사는 것이며, 투자는 이런 삶을 위해 필요한 중요한 행위입니다. 돈은 써야지만 가치를 지닙니다. 이 책을 읽는 독자 여러분은 누구나 투자를 통해 자산을 불려 풍요롭고 행복한 삶을 살았으면 합니다. 이것이 이 책을 쓴 작가로서 제가 지니는 간절한 바람입니다.

2021년 5월
글로벌 파이낸셜 스쿨 교장
이치카와 유이치로

차례

1 | 우리는 이미 거의 전 재산을 투자하고 있다?

금융기관에 돈을 맡기는 것은 투자와 마찬가지다

금융기관에 돈을 맡기는 투자라니, 무슨 말인가 하는 분도 있을 것입니다. 이것은 은행 등 금융기관에 개설한 예금 및 적금 계좌를 말하는 것입니다. 아마도 이 책을 읽고 있는 대부분은 은행에 계좌를 개설해 돈을 맡기고 관리할 것입니다.

요즈음에는 급료를 현금으로 받는 사람이 거의 없습니다. 급료는 정해진 날짜가 되면 은행 계좌로 들어옵니다. 만일 급료를 현금으로 받는다고 해도 보통은 곧바로 근처의 ATM(현금 자동 인출기)으로 달려가 안전하게 자기 계좌에 입금한 뒤에 쓸 것입니다. 물론 일부 사람들은 지금도 '장롱 예금'을 하려고 일부러 특수 금고를 사 그 안에 돈과 귀금속을 넣어두고, 자택에서 재산을 보관하기도 합니다. 하지만 극소수에 지나지 않습니다.

우리는 보통 은행에 '돈을 맡긴다'고 표현합니다. 그런데 사실 이 말은 '은행에 돈을 빌려준다'는 뜻입니다. 은행(금융기관)은 우리로부터 빌린 돈(예금 및 적금)을 운용하고, 수익을 얻습니다. 보통 거래처에 사업용 자금 등으로 이자를 붙여서 빌려주고, 예대차익(예대마진, 돈을 빌려줄 때의 금리와 예금 및 적금에 붙이는 금리의 차액)'를 벌거나, 자체적으로 벌인 사업에 투자해 수익을 올립니다. 그리고 그렇게 벌어들인 돈 중 일부를 예금 및 적금에 대한 이자로 지불하고 있습니다. 즉, 우리는 은행에 돈을 맡김으로써(투자) 이자라는 리턴(이익)을 받고 있습니다.

다른 장에서도 이야기하겠지만, 은행은 매우 신용도가 높은 곳이고, 공공요금 납부 등 생활에 관련된 지출도 이곳을 통해 이루어집

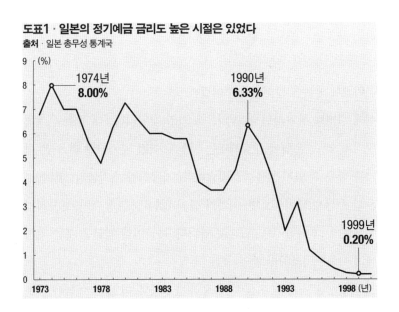

도표1 · 일본의 정기예금 금리도 높은 시절은 있었다
출처 · 일본 총무성 통계국

니다. 따라서 '투자'라는 말과는 연결해 생각하지 못하는 경우가 많지만, '돈의 구조'라는 면에서 보자면 예금 및 적금도 훌륭한 투자라고 할 수 있습니다.

다만 지금은 '극단적인 금융완화'가 계속되는 초저금리 시대이기 때문에, 보통 은행 계좌에 돈을 넣어두어도 손에 넣을 수 있는 이자는 아주 적습니다. 3년 만기 정기예금이라도 이율이 1% 이하인 경우도 있어, '투자를 통해 수익을 얻었다'라고 실감하기는 어렵습니다.

하지만 고도성장기에서 거품경제 시절을 지나오는 동안 정기예금 이율이 연 5%를 넘는 시대도 있었습니다. 만일 1,000만 원을 맡기면 1년에 50만 원의 이자를 받을 수 있습니다. 이 정도라면 국내 여행을 갈 수 있을 정도였기 때문에, 당시에는 누구나 '예금 및 적금=투자'라는 사실을 피부로 느낄 수 있었습니다.

아마존에게 돈을 빌려준다면 어떨까?

이제 현명한 독자라면 이런 의문을 가질 것입니다. '내 돈을 은행에 맡기지 말고, 은행이 대출해주는 기업에 직접 빌려주면 더 높은 이자를 받을 수 있지 않을까?' 맞습니다! 지금처럼 초저금리 시대에는 은행에 돈을 맡겨놓으면, 이자가 붙지 않는 것은 둘째치고, 오히려 수수료가 더 나올 수도 있다고 합니다. 예금이나 적금을 붓는 입장에선 어처구니없지만 말입니다.

따라서 내 소중한 돈을 더 유용하게 활용해 더 많은 이득을 얻는 방법을 알아봐야 합니다. 가장 먼저 떠오르는 것은 바로 기업에 직접 투자하는 방법입니다. 즉, 주식이나 회사채를 구매하면 됩니다. 구체적인 예를 살펴보도록 하겠습니다.

이름만 들어도 친숙한 기업 아마존 Amazon.com에게 '돈을 빌려준다'라고 가정해봅시다. 아마존은 시가총액이 1조 5,000억 달러를 넘는 세계 최대의 초우량기업(책 집필 시점)입니다. 계속 급성장하고 있고, 자금 수요는 왕성하기 때문에 우리는 기꺼이 돈을 빌려줄 것입니다. 이 경우 우선은 아마존이 발행하는 회사채를 구매하는 방법이 있습니다. 2017년경 아마존의 회사채 금리는 3% 이상이었습니다. 그다음 방법은 회사채가 아니라 회사의 주식을 매수해 배당금을 받는 것입니다. 예를 들어, 일본 미즈호은행을 운영하는 지주회사 미즈호 파이낸셜 그룹의 주식은 배당 이율이 연 5%를 넘습니다. 즉, 아마존 회사채나 미즈호 파이낸셜 그룹의 주식을 보유하면, 초저금리 시대에도 국내 여행을 갈 정도로 수익을 올리는 것도 가능합니다(회사채와 주식투자에 대해서는 뒤에서 각각 자세히 설명합니다).

투자에는 '올바른 지식'이 필요하다

세상은 그렇게 호락호락하지 않습니다. 큰 리턴을 얻으려면, 그만큼 큰 리스크가 따릅니다.

돈을 은행에 맡기는 경우, 비록 은행의 경영이 악화되어 도산한다고 해도 예금 및 적금은 일정한 한도 내에서 원금이 보장됩니다. 일본의 경우 예금보호제도에 따라, 보통예금의 경우 1,000만 엔 이내의 원금(일본우정주식회사에서 운영하는 유초은행의 경우는 1,300만 엔)과 파산일까지의 이자가 보장됩니다(한국에서는 예금자보호법에 따라 금융기관 당 최대 5,000만 원까지 보호된다 – 옮긴이).

그러나 1,000만 엔을 초과한 금액에 대해서는 예금보호의 대상이 되지 않습니다. 최악의 경우 은행에 맡긴 돈이 그냥 사라져버릴 수도 있습니다[단, 결제용 예금(무이자)의 경우에는 1,000만 엔이라는 제한이 없습니다].

한편, 주식이나 사채에는 이런 원금 보장이 없습니다. 만일 투자한 기업이 도산하면 그 기업의 주식이나 채권은 순식간에 휴지 조각이나 다름없게 되고 맙니다. 어찌 보면 비정하다고 할 수 있는 이런 구조가 바로 투자의 본질입니다. 따라서 투자로 돈을 잃지 않으려면, 가장 중요한 것은 '돈'이나 '돈을 투자하는 것'에 대해 올바른 지식을 갖는 것입니다. 그리고 마찬가지로 올바른 지식 없이 돈을 투자하는 것이 얼마나 위험한지를 제대로 아는 것도 중요합니다. 이 두 가지는 투자를 시작할 때 습득해야 할 '기초 중의 기초'라 할 수 있습니다.

원칙 1 예금 및 적금도 투자의 하나.
우선 투자의 구조를 이해하고, 여러 가지 투자가 있다는 것을 알자.

2 | '투자'란 무엇인가
– 도박과 투자의 큰 차이점

도박의 승패에는 법칙이나 정리(재현성)가 없다

1,000만 원이라는 거금을 가지고 경마장에 갔다고 칩시다. 그리고 한 경주에 참가한 모든 경주마에게 골고루 돈을 걸었다면, 과연 그 결과는 어떻게 될까요? 이야기를 좀 더 간단히 하기 위해 출전한 모든 말의 단승 마권(1등만을 알아맞히는 방식 – 옮긴이)을 균등하게 구매하는 것으로 하겠습니다. 예를 들어 10마리가 출전했다면 각각 100만 원씩, 16마리가 출전했다면 각각 62만 5,000원씩 마권을 구매합니다. 당연한 이야기지만, 이 경주에서 1등으로 도착하는 것은 1마리뿐이고, 나머지 말들은 다 진 것이니 이 말들의 마권은 꽝이 되고 맙니다. 그럼 이 경주의 결과가 확정된 후 우리 수중에 들어오는 배당금은 얼마나 될까요?

인터넷에서 이와 관련된 재미있는 분석을 발견했습니다(https://www.umameshi.com/ 참고). 경마 전문가들의 분석에 따르면 이런 경우 대략 700만~800만 원쯤 회수할 수 있다고 합니다. 즉, 대부분은 본전을 찾기도 어렵다는 사실을 알 수 있습니다.

원래 일본 경마의 경우, 일본 중앙경마회JRA 등 주최 측에서 가져 가는 몫(이것을 마권의 공제율이라고도 합니다)이 정해져 있고, 이것을 빼고 남은 매상으로 배당금을 산정하기 때문에, 전액이 돌아오지는 않습니다(우리나라는 한국마사회에서 관리하며 각종 세금과 비용 등을 공제한 뒤 환급한다 - 옮긴이). 물론 의외의 말이 이겨서 큰돈이 들어올 수도 있습니다. 그렇지만 그것은 우연히 일어난 일이기 때문에, 이후 같은 방식으로 모든 말의 마권을 균등하게 계속 사면 결국 빈털터리가 되고 말 것입니다. 왜냐하면 경마로 돈을 따는 데에는 아무런 원칙도 없기 때문입니다. 다시 말해 경마에는 '재현성'이 없습니다.

주가 움직임을 100년 단위로 살펴보자

이에 반해 주식투자는 어떨까요? 지난 50년, 더 짧게 30년, 20년, 아니 10년이라도 좋으니 전 세계의 모든 주식을 다 샀다고 가정해봅시다. 각 회사의 주식을 단원주(單元株)[1]로 사 모으는 것은 힘드니, 인덱스(주가지수)[2]로 산다고 보면 좋을 것입니다. 자, 당신이 투자한 돈

---

[1] 일본 주식거래 매매 단위. 단원의 규모는 어떤 일정한 규칙에 따라 기업이 자유롭게 정할 수 있으며, 1단원의 주식 수는 1주, 100주, 1,000주가 일반적이다. 보통 이 매매 단위의 정수배로 거래가 이루어진다.
[2] 주식시장의 움직임을 나타내는 지수. 일본 주식시장을 대표하는 것으로, 닛케이 평균주가지수(닛케이 225지수)와 TOPIX(토픽스지수, 도쿄 증권거래소 주가지수)가 있다. 인덱스의 가격 변동을 보면 시장 전체 상황을 추측할 수 있다. 인덱스와 연동한 가격 변동을 목표로 운용되는 투자신탁을 인덱스 펀드라고 한다.

은 증가할까요? 아니면 줄어들까요?

결과는 '2~10배의 수익을 올린다'입니다. 아래의 도표2는 1970년 이후 뉴욕 증권거래소NYSE : New York Stock Exchange의 다우존스 산업평균지수(다우지수)의 변화를 나타낸 것입니다. 도표에서 알 수 있듯이 주가지수의 움직임에는 항상 큰 파도가 이는 것 같은 변동이 있어 계속 오르락내리락하고 있습니다.

과거 100년간을 되돌아보면, 1929년에는 유명한 '블랙 써스데이 (1929년 10월 24일 목요일, 다우존스 산업평균지수가 폭락하며 세계 대공황의 시작을 알린 날-옮긴이)'에 주가가 22.6%나 폭락했습니다. 이후 주가는 제2차 세계대전을 거치면서 점점 회복되었지만, 그 후에도 같은 폭락이 여러 번 일어났습니다. 1987년의 '블랙 먼데이', 2008년의 '리먼 사태', 그리고 최근에는 2020년의 '코로나 사태로 인한 폭락'이

도표2 · 뉴욕 다우존스 산업평균지수 추이(1970년~)

있었습니다.

이렇게 주식시장의 오랜 역사를 돌이켜보면, 주기적으로 주가에 큰 파도가 일어나면서 수십 %씩 하락하는 일이 되풀이되어왔습니다. 그래서 이 사실만 보면 '역시 주식은 무섭다'라는 생각이 들지도 모릅니다.

하지만 다시 도표2의 그래프를 살펴봅시다. 주가는 오르락내리락을 반복하면서도, 크게 보면 꾸준히 우상향하고 있습니다. 경기는 순환하기 때문에 계속 오르막길을 걷지도 않고 내리막길을 걷지도 않습니다. 세계 주식시장도 마찬가지입니다. 지금 주식시장이 좋지 않아 손해를 보는 것 같아도, 장기적으로 볼 때 도표2처럼 우상향하리라는 것을 간파할 수 있습니다.

투기는 도박, 투자와 다르다

오랜 기간 투자를 계속하면, 폭락한 주가지수는 반드시 원래대로 돌아갑니다. 되돌아갈 뿐만 아니라, 하락하기 전의 시세를 뛰어넘는 수준으로 오를 것입니다. 일시적으로 경제 상황이 나빠져도 시간이 흐르면 경제활동은 정상화됩니다. 그러면 기업은 수익을 올리고, 그에 따라 일하는 사람들의 수입도 늘어나 쇼핑을 많이 하게 됩니다. 그리고 그 결과 기업은 또 돈을 버는데, 이것이 인간 경제활동의 본질적인 법칙이자 구조입니다. 이런 구조는 최근 코로나 사태로 인한 경제와 주가지수의 움직임을 보아도 쉽게 이해할 수 있으리라 생각합니다.

　법칙을 알면, 결과를 재현하는 것도 가능합니다. '주식투자는 도박이다'라고 주장하는 사람도 있지만, 이는 사실이 아닙니다. 도박이란 경마와 같은 내기를 가리키는 말로, '모 아니면 도라는 심정으로 큰 수익을 노리는 불확실한 행위'라고 할 수 있습니다. 경제 용어로는 이를 '투기Speculation'라고 부르며, 법칙이나 구조를 알고 하는 '투자Investment'와는 명확하게 구별됩니다.

　주식투자를 도박이라고 하는 사람은 경제나 주식 구조에 대한 올바른 지식이 없이 무턱대고 주식을 매매해 큰 손해를 본 뒤 자산이 줄었다고 법석을 떠는 사람이라고 생각해도 좋을 것입니다.

　그렇다면 '도박=투기'와 '투자'는 구체적으로 무엇이 다른 것일까요? 이것이 바로 이 책의 주제이므로, 차츰차츰 자세히 설명해볼까 합니다.

원칙 2

'투기'의 이익은 우연히, 가끔 터지는 대박이며
'투자'의 수익은 결과를 재현할 수 있는 법칙에 따른 것이다.

3 | 예상을 절대 벗어나지 않는 마법 같은 방법

과거의 '상실'에 대해 알면, 미래를 내다볼 수 있다

투자를 하려면, '예상'을 해야 합니다. 그리고 모든 예상은 '틀릴 수 있습니다.' 투자할 후보 기업들 중에서 투자처를 고를 때에도 미래에 얼마나 성장할지를 예상한 뒤 투자해야 합니다. 하지만 예상이란 것은 그대로 들어맞기도 하지만 빗나가는 때도 있습니다. 예상이 맞으면 좋겠지만 빗나가면 큰일입니다.

만약 예상에서 벗어나지 않을 방법이 있다면 누구라도 궁금하게 여길 것입니다. 과연 그런 방법이 있을까요? 물론 있습니다. 정말 쉬운 방법입니다. 애당초 예상을 하지 않으면 됩니다. 예상하지 않는다면 어긋날 일도 없습니다. 그런데 지금 이 책을 읽는 독자 중에는 "바보 같은 소리 하지 마라. 예상도 안 하고 어떻게 투자하나? 그런 행동이야말로 투기가 아닌가?"라고 반문할 분도 있을 것 같습니다.

그렇다면 잠깐 관점을 바꿔봅시다. 지금부터 24시간 동안 아무것도 먹지 않는다면 어떻게 될까요? 24시간 후에는 "배고파, 뭐든 먹고 싶어!"라고 외치는 모습을 쉽게 상상할 수 있습니다. 그런데 이것은 배가 고프게 될 것을 '예상'한 게 아닙니다. 과거의 경험상 24시간 동안 밥을 먹지 않으면 배가 고프다는 '사실'을 알고 있기 때문에 그렇게 생각하는 것입니다.

이것을 투자에 적용해 생각해봅시다. 가장 중요한 것은 사실에 기초해 투자하는 것입니다. 예를 들면, 매상도 없고 수익을 올릴 전망도 없는 기업에는 아무도 투자하려 들지 않을 것입니다. 그런데 지금은 적자지만 앞으로 반드시 큰 수익을 올릴 것으로 예상되는 기업이라면, 이야기가 달라집니다. IPO(신규 주식공개)한 지 얼마 안 된 신흥 벤처기업은 재정 상태가 적자인 경우가 많습니다. 대부분 이런 기업들은 장래를 내다보고 적극적으로 선행투자하기 때문에 현

도표3 · 도쿄 증권거래소 1부 – 2부와 마더스의 상장 심사 기준
출처·https://www.jpx.co.jp/equities/listing/criteria/listing/01.html, https://www.jpx.co.jp/equities/listing-on-tse/new/guide/01.html에서 발췌

	도쿄 증권거래소 1·2부	마더스
주주 상장 시 전망	400명 이상	150명 이상(상장 시 500단위 이상 공모할 것)
유통 주식 시가총액	10억 엔 이상	5억 엔 이상
사업 계속 연수	3년 이상	1년 이상
순자산액	10억 엔 이상	관계 없음
경상이익액	최근 2년간 합계 5억 엔 이상	관계 없음

재 적자 상태에 있는 것입니다. 성장기업의 등용문으로 여겨지는 마더스(도쿄 증권거래소가 1999년 벤처기업을 대상으로 문을 연 새로운 증권거래소-옮긴이)나 자스닥JASDAQ(2022년 4월 3개의 종류로 재편될 예정)에는, 미래가 기대되는 수많은 적자기업이 상장되어 있습니다.

'예상'하는 것이 아니라 '사실'을 판별한다

사실 현재 대기업 중에도 적자가 지속되는 작은 기업으로 출발한 회사가 많습니다. 이제 전 세계를 주름잡는 글로벌한 기업이 된 GAFA는 모두 비슷한 스타트업에서 출발해 성장해왔습니다. 앞서 언급했던 아마존이 그 전형적인 예라고 볼 수 있습니다. 이 기업은 공동 창립자이자 최고경영책임자CEO인 제프 베저스가 작은 차고에 둥근 난로 한 대를 가져다 두고 시작했습니다. 스티브 잡스의 애플Apple도, 마크 저커버그의 페이스북Facebook도, 빌 게이츠의 마이크로소프트Microsoft도, 구글Google이나 휴렛팩커드Hewlett Packard도 모두 '차고 벤처' 였습니다.

지금의 일본을 대표하는 대기업들도 마찬가지입니다. 파나소닉, 소니, 혼다, 교세라 등도 처음에는 마을의 작은 공장에 지나지 않았습니다. '100엔(약 1,000원) 숍' 업계의 최대기업인 다이소(다이소 산업)를 창업한 야노 히로타케는 고향인 히로시마에서 하던 방어 양식에 실패해 도쿄로 야반도주했다고 합니다. 그리고 그때부터 '100엔 균일가 생활 잡화'를 트럭에 싣고 다니며, 슈퍼마켓 등에서 실연 판매(사람들 앞에서 제품을 설명하면서 판매하는 것 - 옮긴이)를 하면서 인기를 끌어 재기에 성공했다고 합니다. 처음엔 주위 사람들이 "그런 값싼 비즈니스는 실패하기 마련이니까 그만둬라"라며 말렸다고 합니다. 하지만 자신의 신념대로 고객의 소리에 진지하게 귀 기울이며, 상품 개량을 거듭해 현재의 다이소 체인을 일구는 데 성공했습니다. 현재 다이소 제품은 '100엔 균일가'라는 저렴한 가격으로 보기 어려울 정도로 뛰어난 품질로 외국인 관광객들에게까지 큰 인기를 끌며, 인바운드 경기의 한 축을 담당하고 있을 정도입니다.

이런 성장기업은 모두 시대의 흐름을 읽고 미래를 내다보는 경영 전략을 세우는데 뛰어납니다. '이런 것이 있으면 좋겠다'는 사람들의 요구를 정확하게 파악한 뒤 매력적인 제품이나 서비스를 개발해 결국 많은 돈을 벌어들입니다. 앞에서 서술한 '24시간 공복 후 배고픈 이야기'와 비교해보자면, 이런 기업들은 가까이 있는 소비자의 니즈를 어림짐작으로 '예상'하지 않았습니다. 그보다는 시행착오와 검증을 거듭하는 과정에서 깨달은 '사실'에 근거해 히트 상품이나 비즈니스 모델을 만들어갑니다.

투자할 때 중요한 것은 이처럼 '사실을 만들 수 있는 기업'을 판별하는 능력입니다. 그리고 단기가 아니라 장기적으로 투자하는 것입니다. 건강한 사람이라도 때때로 컨디션을 무너뜨리는 일이 있듯이, 기업도 일시적으로 실적 부진에 빠질 수도 있고, 새로운 성장을 위해 의도적으로, 혹은 전략적으로 적자를 내는 일도 있습니다.

따라서 눈앞의 실적이나 이익 수준만 보고 일희일비할 것이 아니라, 길게 보고 성장을 계속하는 기업, 앞으로도 계속 착실하게 수익을 낼 수 있는 기업에 투자해나가면 됩니다. 물론 '성장하는 기업을 내다보고 투자한다'는 것이 말처럼 쉬운 일은 아닙니다. 하지만 이런 기본적인 투자 자세를 지키면 적어도 큰 손해를 입을 위험을 훨씬 줄일 수 있습니다.

원칙 3   예상하지 말고 사실을 끝까지 확인해보자.

4 | 쉽게 속는 사람의 두 가지 유형

'너에게만 알려주는 것'이란 말에는 진실이 없다

세상에는 '속기 쉬운 사람'들이 있습니다. 이런 사람들은 몇 가지 유형으로 나뉩니다. 가장 흔한 부류는 '지식이 압도적으로 부족한 사람'입니다. 이들은 지식이 없거나 혹은 부족해서 그럴듯한 이야기를 들으면 아무런 의심 없이 잘 확인하지도 않고 그대로 받아들입니다. 또, '나는 사람 보는 눈이 있다'라고 생각하는 사람도 위험합니다. 사실 정말로 아주 나쁜 사람은 그렇게 많지 않기 때문에, 이런 사람을 알아보는 눈은 그다지 중요지 않습니다. 게다가 아무리 좋아 보이는 사람도 돈이 필요해 나쁜 사람으로 변하는 것은 순식간입니다. 따라서 투자자가 신용해야 하는 것은 어떤 사람의 됨됨이나 인격이 아니라 지식에 근거한 사실입니다.

예를 들면, 금융사의 영업 담당자가 열심히 권하는 투자 상품이 '좋을 것 같아서' 그 자리에서 샀다고 칩시다. 그런데 1년 후, 그 상품이 기대한 만큼의 실적을 올리지 못하고 손실을 내고 말았습니다. 독자 여러분도 이런 실패담을 주위에서 들어보았거나 직접 경험했을 것입니다. 이때 큰 손해를 본 사람이라면 이렇게 말하기도 합니다.

"그 녀석한테 속았어. 말만 번지르르하게 해!"

소중한 자산이 줄어버렸으니 이런 말을 하는 기분은 이해가 됩니다만, 이 경우는 상대방이 '속였다'고 보기는 어렵습니다. 물론 상품을 판 영업 담당자의 설명에 불충분한 점이 있었을지도 모릅니다. 하지만 손해를 본 원인은 잘 검토하지 않고 상품을 구매한 본인에게 있습니다. 지식 무장이 안 되어 있는 사람들은 자신에게 충분한 지식이 없다는 사실을 깨닫지 못하고, 단순히 '속았다'고만 생각합니다.

더 비참한 건 사기 사건에 걸려드는 경우입니다. 대체로 사기를 치는 사람은 겉모습만 보아선 오히려 사람 좋은 분위기를 풍길 때가 많습니다. 그리고 이런 사람 중 상당수는 지인을 소개하는 방법으로 조직적인 사기를 칩니다. 최근에 이런 사람들이 벌이는 수상한 돈벌이에 말려들어 소중한 자산을 잃는 사건이 부쩍 늘고 있습니다.

앞에서 언급한 것처럼, 지금은 초저금리 시대입니다. 대형은행 등의 정기예금 및 적금의 경우, 3년 만기상품에도 아주 적은 이자밖에 붙지 않습니다(책 집필 시점). 이런 초저금리 시대에는 다양한 사기 혹은 거짓 투자로 유혹하는 말들이 우리를 찾아옵니다.

"높은 수익률을 보장하는 특별한 상품을 선생님께만 소개하겠습니다."

"조만간 상장할 예정인 유망한 벤처기업의 미공개 주식을 넘겨받을 은밀한 루트가 있습니다."

"친구를 소개하면 소개 수수료로 1인당 ○○만 원 드립니다."

이런 말들로 거액의 자금을 끌어모은 뒤 그 돈을 빼돌리고 파산해버리는 사기 집단이 사회에 끼치는 손해가 끊이지 않고 있습니다. 뉴스를 통해 이런 사건들을 많이 접했을 것입니다. 이런 식의 사기 사건에 걸려든다면 결말은 비극입니다. 최악의 경우, 꾸준히 저축하고 있던 노후자금 등 중요한 자산을 거의 잃어버릴 수도 있습니다.

단언해두겠습니다. '당신에게만' 특별히 혜택을 주겠다는 상품은 100%, 아니 120% 거짓입니다. 그런 말을 들은 순간 '어, 이건 사기야!'라고 생각하면 됩니다. 냉정하게 생각하면 알 수 있습니다. 그런 좋은 기회를 왜 '특별히 나에게' 가르쳐주겠습니까? 정말 그렇게 해서 돈을 벌 수 있다면, 그처럼 좋은 기회를 굳이 다른 사람에게 줄 이유가 없습니다. 그 기회를 자신이 독차지해 큰돈을 벌 수 있는데 말입니다.

속지 않는 가장 좋은 방법은 '지식으로 무장하는 것'뿐!

이런 이야기를 하면, '아무리 그래도 난 그런 사기꾼에게 속을 바보는 아니야'라고 생각하는 분도 많을 것입니다. 그런데 이런 과신도 위험합니다.

사실 '속기 쉬운 사람'에 많은 또 다른 유형이 '나는 절대 속지 않는다'고 확신하는 사람입니다. 사기꾼들은 '절대 속지 않는다고 자신하는 사람'의 심리를 교묘하게 조종해 자기도 모르는 사이에 함정에 빠지게 만듭니다.

일본의 예를 들면, 2017년 주택공급업체 중 대기업인 세키스이하우스가 도쿄 고탄다 지역의 토지를 둘러싸고, 사기 집단에게 감쪽같이 속아 550억 원이 넘는 거액을 손해 본 사건이 있었습니다. 부동산거래에 정통해야 할 대기업조차도 이런 피해를 당합니다. 과거 몇 번이나 비슷한 방법으로 일어난 또 다른 사기 사건으로는 'M자금(연합군 최고사령관 총사령부GHQ가 전후 일본은행에서 압수한 재산 등을 토대로 극비리에 운용하고 있다고 소문난 비자금 - 옮긴이)'과 관련된 것이 있습니다. 저명인사를 포함한 몇몇 기업가들이 M자금의 혜택을 받도록 해주겠다고 속이는 사기에 말려들었습니다. 일류기업의 경영자든, 비즈니스 엘리트든 쉽게 속여버릴 수 있는 것이 바로 '전문 사기꾼 집단'입니다. 따라서 투자할 때 사실관계를 정확히 파악하지 않고, 사람을 과신하는 것은 절대 해서는 안 될 일입니다.

그럼 투자에 크게 실패하지 않고, 손실을 최소화하려면 어떻게 해야 할까요? 그 답은 '지식으로 무장하는 것'뿐입니다. 첫째도 둘째도 열심히 공부해 '준비된 지식'을 확실히 쌓아두어야 합니다. 풍부한 지식을 가지고 있으면, 영업 담당자가 자신의 실적을 올리기 위해 늘어놓는 겉만 번지르르한 설명을 들어도 속지 않고 냉정하게 검토할 수 있게 됩니다. 특히 사기꾼이 꺼내는 그럴듯한 투자 이야기에도 "아닙니다. 잠깐만요"라고 멈출 수 있습니다.

다른 사람에게 속지 않는 방법은 '처음부터 아무도 믿지 않는 것'입니다. 다른 사람을 믿지 않으면 속아 넘어갈 일도 없습니다. "그럼 이 책에서 당신이 주장하는 내용도 믿지 않는 것이 좋은가요?"라고 반문하는 독자도 있을 것입니다. 거기에 대한 대답도 '예스'입니다. 신문도 TV 뉴스도 인터넷 정보도 블로그 등도 무턱대고 믿지 말아야 합니다. 중요한 것은 책이나 기사 등에서 여러 가지 정보나 지식을 얻은 뒤 그것을 스스로 검증하고 답을 찾아내려고 노력하는 태도입니다. 믿을 수 있는 것은 자신뿐입니다. 이런 태도를 갖추기 위한 노력을 게을리해서는 안 됩니다.

결국, 속는 사람과 속지 않는 사람의 차이는 '지식을 쌓는 능력'과 지식을 근거로 한 '사실 판단 능력'입니다. 이것은 너무나 당연한 사실 같지만, 사실은 많은 사람이 따르지 못하는 '다른 사람에게 속지 않는 가장 좋은 방법'입니다.

원칙 4 좋은 결과물을 얻는 사람은 남을 함부로 믿지 않는다.
소중한 돈은 자신의 지식으로 지킨다.

5 | 오래도록 편한 돈벌이는 절대 없다!

일류 투자자일수록 보이지 않는 노력을 기울인다

많은 사람이 열심히 땀 흘리며 일해 돈을 법니다. 돈을 벌기는 힘듭니다. 어떤 직업이든 편한 일은 없습니다. '편하게 일할 수 있다'라는 말은 '즐겁게 일할 수 있다'는 뜻이기도 합니다. 그러나 만약 이 세상에 '편하고 즐겁게 돈을 벌 수 있는' 구조가 있다면, 누구나 그 방법으로 돈을 벌려고 경쟁하기 때문에, 결국 그런 구조에서도 돈을 벌기는 어렵습니다.

투자의 세계도 마찬가지입니다. '편하게 수익을 올리는 방법'이 있다 하더라도 그 방법을 지속하기는 어렵습니다. 따라서 스스로 공부하고 고생하면서 자신만의 방법을 찾아내야 합니다. 반복해서 말하지만, '편하게 돈을 벌 수 있다'처럼 겉만 번지르르한 이야기에 홀리는 사람들은 지식이 부족한 상태에서 한 방에 역전 홈런을 노리는 투자에 뛰어들어 결국 실패하게 될 것입니다.

프로야구 선수들의 경기는 화려합니다. 하지만 선수들이 그런 경기에서 두각을 드러내려면, 평소 드러나지 않는 곳에서 열심히 연습해 치열한 포지션 경쟁을 뚫고 주전 자리를 차지해야 합니다. 그리고 주전 자리를 차지했다 해도 경기 중 실책을 하거나 찬스에서 삼진당하는 어려움을 겪기도 합니다. 이렇게 보이지 않는 곳에서 노력하고, 경기 중 많은 실수를 겪으며 성장해야만 때때로 역전 만루 홈런을 날릴 수 있는 선수가 되는 것입니다.

프로야구 선수로서 타율 3할을 기록하면 일류 선수로 여깁니다. 따라서 실적이 우수한 선수라 해도 열 번에 일곱 번은 제대로 치지 못하고 아웃당한다고 보면 됩니다.

투자로 결과를 만들어내려면 야구 선수와 마찬가지로 매일매일 열심히 공부하고, 열심히 지식을 쌓고, 열심히 연구해서 수익을 잘 올릴 수 있는 방법을 찾아 열심히 투자해야 합니다. 이런 방법밖에는 없습니다. 세상에는 즐겁고 행복하게 사는 사람들이 많이 있습니다. 하지만 이런 사람들도 돈을 벌 때는 결코 편하고 즐겁지만은 않은 법입니다. 전 세계 투자가들이 동경하는 워런 버핏과 짐 로저스 같은 거물들도 젊은 시절엔 힘들게 경제 및 투자의 구조를 공부하고, 수많은 실패를 되풀이하면서 경험과 지식을 쌓으며 자신만의 투자 법칙을 만들었습니다. 그리고 그 결과 오늘의 막대한 자산을 쌓아 올릴 수 있었습니다. 버핏과 관련된 유명한 일화 중에는 다음과 같은 이야기가 있습니다.

미국이 신용카드 사회로 이행해갈 무렵 아메리칸 익스프레스 American Express(통칭 아멕스Amex)가 유망 종목으로 주목받기 시작했습니다. 많은 투자자금이 아멕스로 몰려드는 초기에 버핏은 아멕스에 투자하기를 완강하게 거부했습니다. 그 이유는 '모르는 주식(기업)에는 투자하지 않는다'라는 자신만의 투자 법칙을 따르고 있었기 때문입니다. 버핏은 가까이 있는 여러 레스토랑에 다니며 많은 손님이 아멕스 카드로 계산하는 모습을 확인한 뒤에야 간신히 투자를 결심했다고 합니다. 이처럼 버핏이 주식투자를 할 때 가장 소중하게 여기는 법칙 중 하나가 '모르는 주식(기업)에는 투자하지 않는다'입니다.

연리 13%로 자금을 운용한 노부인의 투자법

벌써 10여 년이 지난 일입니다. 버핏과 비슷한 방법으로 성공한 투자자의 사례를 들었던 적이 있습니다. 그 사람은 80세가 넘은 노부인이었는데 연이율로 따져 평균 13%에 이르는 높은 이율로 보유자금을 운용하고 있었습니다. 과연 어떤 식으로 했을까요?

이 노부인은 동네 슈퍼마켓에 쇼핑하러 갈 때마다 상품진열대를 눈여겨보며 자신의 눈높이에 있는 상품의 이름, 제조회사, 가격 등을 자세히 메모했습니다. 눈높이에 있는 상품은 잘 팔리는 인기 상품이거나 판촉 캠페인 중인 신제품인 경우가 많기 때문입니다. 노부인은 집에 돌아오면 신문이나 잡지 등을 뒤져 자신이 메모한 내용과 관련된 정보를 수집했습니다. 그리고 한 사람의 투자자로서 정보를 분석한 뒤 '이 회사는 성장할 것 같다'라고 판단되면, 투자할 종목으로 선정했다고 합니다.

당시 이 노부인이 대단하다고 생각했습니다. 일상생활 속 주변에서 얻을 수 있는 삶의 정보를 나름대로 분석한 뒤 투자하는 자세가 너무도 지혜로웠기 때문입니다. 파이낸셜 플래너(재무설계사)로 독립한 지 얼마 안 되었던 저는 투자자가 지녀야 할 본연의 자세가 무엇인지를 노부인의 투자 이야기를 통해 배울 수 있었습니다.

최근에는 주식투자나 FX마진(외환증거금거래)과 관련해 여러 가지 '투자 앱'이 개발되었습니다. 누구나 간단히 스마트폰만 조작하면, 간편하게 투자할 수 있는 시대입니다. 은행이나 증권회사의 앱을 통해 투자할 때에도 초심자용 설문 조사에서 '네' 혹은 '아니오'로 끝까지 대답하면, '당신을 위한 최적의 상품'을 추천해줍니다. 그리고 어떤 앱은 'AI(인공지능)에 의한 정밀한 데이터 해석'을 바탕으로 투자 종목의 '최적의 매수 시기나 매도 시기'를 알려주거나 자동거래가 이루어지도록 지시해주기도 합니다.

이런 투자 앱들은 투자자의 저변을 넓혀준다는 의미에서 투자경제 활성화에 공헌하는 면이 있기는 합니다. 하지만 분명히 말씀드리고 싶은 것은 이런 투자 앱으로 이윤을 창출하기는 어렵다는 것입니다. 만일 이런 투자 앱들에 적용된 AI의 알고리즘 덕분에 쉽게 돈을 벌 수 있다면, 이미 오래전에 많은 투자자가 큰 부자가 되었을 겁니다.

확실히 투자를 통해 한순간에 대박을 터뜨리는 사람은 있습니다.

FX마진거래로 대박을 터뜨려 초호화 아파트로 이주한 사람을 보기도 했습니다. 하지만 이런 성공 후에 한순간 투자 실수로 파산 직전까지 몰려 소중한 집을 팔아야 했던 사람도 알고 있습니다.

일시적으로는 쉽게 투자에 성공해도 계속 성공하기는 쉽지 않습니다(제 경험으로 보자면, 거의 불가능합니다). 즐겁고 편하게 일하면서 돈을 벌 수 있는 일 따위는 세상 어디에도 없습니다. 투자도 마찬가지입니다. 어쩌면 투자는 이런 경향이 더욱 심할지도 모릅니다. 아예 '편하게 투자하면 이득이 없다'고 생각해도 좋습니다.

원칙 5 편안히, 오래 돈을 잘 버는 방법은 없다!

6 | 가위바위보 대회의 우승자를 믿지 말라

'우연'은 '필연'일 수 없다

누구나 한 번쯤은 '가위바위보'를 해본 적이 있을 것입니다. 어렸을 때는 물론이고, 어른이 된 지금도 누군가를 선택하거나 순서를 정하는 방법으로 가위바위보를 하기도 합니다.

가위바위보를 하면 반드시 승자가 결정됩니다. 만약 1,000명에 이르는 대집단이 가위바위보를 한다 해도, 결국 마지막 두 사람이 겨룰 때까지 누군가가 계속 이겨서 최후의 승자가 됩니다.

자, 이 마지막 우승자는 어떻게 끝까지 살아남아 이길 수 있었을까요? 매일매일 맹연습을 해 '가위바위보 실력'을 갈고 닦아서 우승을 거머쥐었을까요? 설마 정말 그러리라 생각하는 분은 없을 것입니다. 가위바위보에서 계속 이기는 노하우를 연구해 최신 현대 과학을 바탕으로 한 필승법칙을 발견하거나 확립하는 것은 불가능합니다. 만일 독자 중에 "나는 한 번도 가위바위보에서 진 적이 없다"라고 호언

하는 사람이 있다면, 꼭 만나고 싶을 정도입니다. 그 노하우가 진짜라면 노벨상감이라고 생각합니다.

무슨 말을 하고 싶은가 하면, 가위바위보 대회의 승자는 단순히 운이 좋아 우연히 이겼다는 사실입니다. 1,000명 중에서 단 1명의 최후 승자가 되었으니까, "와, 전부 이겼네, 대단해!"라고 박수갈채를 보내며 축하하는 사람들이 있을지도 모릅니다. 하지만 "가위바위보를 이렇게 잘하다니. 이만큼 대단한 사람은 없다. 꼭 이 사람의 제자가 되어 배우고 싶다"라고 숭배하는 사람은 없을 것입니다. 왜냐하면 우연히 이겼을 뿐이라는 것을 경험적으로 누구든 알 수 있기 때문입니다. 즉, 경마에서 예상외로 승리할 말을 우연히 맞추어 큰돈을 땄을 때처럼 가위바위보 대회의 승자가 되는 일에도 '재현성'이 없습니다.

금융 행사장에서 흔히 보는 광경의 진실

투자의 세계에서 일어나는 이해하기 어려운 일이 한 가지 있습니다. 종종 가위바위보 대회의 우승자 같은 사람을 추종하는 무리가 생겨나고, 이들 사이에서 칭찬과 숭배의 폭풍이 휘몰아치는 것입니다.

자산 운용, 재테크 페어 같은 금융 관련 행사에 가면, 그 현장을 목격할 수 있습니다. 사람들이 붐비는 부스로 가보면, 청중들이 둥그렇게 몰려든 한가운데에서 '투자의 신'으로 불리는 사람이 강연하고 있습니다.

'1,000만 원이 단기간에 10억 원이 되었다'는 식으로 진행되는 그의 이야기를 들으면, 투자자들은 그렇게 돈을 번 사람을 천재로 여기고 '이 사람 말이 맞다'고 믿기 쉬운 상태가 됩니다. 물론, 충분히 이해할 수 있는 일입니다. 하지만 이런 부스는 무조건 그냥 지나치는 것이 좋습니다. 왜냐하면 그런 사람들이 크게 돈을 번 것은 어느 순간 발생한 일시적인 일에 지나지 않기 때문입니다. 그 사람이 하는 대부분의 투자 이야기는 나 자신의 투자에 실질적 도움은커녕 참고도 되지 않습니다.

확실히 암호화폐, FX, 주식거래로 막대한 수익을 올린 사람이 있기는 합니다. 전 세계에는 수많은 투자자가 있으니 일시적으로 큰돈을 버는 사람이 나타날 확률은 1,000명이 참가한 가위바위보 대회의 우승자가 될 확률보다는 높다고 봅니다. 하지만 그 사람은 결코 천재가 아니며, 그의 성공이 비슷한 방법으로 계속 이어지지도 않습니다. 자산 운용의 전문가인 펀드매니저도 마찬가지기 때문에, 항상 큰 투자 수익을 올리는 펀드매니저는 없습니다.

따라서 대박을 터뜨렸다는 투자자가 내 앞에 나타나더라도 섣불리 믿지는 말아야 합니다. 만일 그 사람에게 특별한 노하우가 있다고 생각한다면, 스스로 그 노하우를 분석하고, 검증해야 합니다. 올바른 투자 지식이 있는 사람이라면, 아마도 대부분 그 노하우의 법칙성과 재현성에 의문을 품게 될 것입니다.

중요한 것은 '큰돈을 번 사람이니까 옳다'라고 단순하게 생각하지 말고, 이 사람이 말한 투자 방법대로 재현해낼 수 있는지를 '올바르게 알아야' 하는 것입니다.

7 | 금융기관 영업 사원은 '투자 선생님'이 아니다!

금융기관 영업 담당자의 속사정

"다음에 언제쯤 오면 될까요?"

이발소나 미용실에 갔다 나오면서 이런 질문을 한 적이 있습니까? 이런 걸 우문(愚問)이라고 합니다(미안합니다!). 대부분 "늦어도 한 달 후에는 오셔야죠" 정도의 대답을 듣게 될 것입니다. "당분간은 오시지 않아도 됩니다"란 말은 거의 듣기 어렵습니다. 장사하는 입장에선 손님이 빨리 다시 와주기를 바라는 것은 당연하기 때문입니다. 그래서 버핏도 "머리를 자르는 게 좋은지를 이발사에게 물어봐선 안 된다"라고 했습니다.

온라인 판매 사이트 등은 더욱더 노골적입니다. '가입금 ○○원 행사 중, 기한은 ○일까지!'라든지 '지금 사면 무료 배송+나만을 위한 특전 포함'이라는 내용의 광고 메일이 하루가 멀다 하고 날아옵니다.

'신제품 출시! 나만을 위한 특전!'이란 말로 영업하면, 사람의 심리란 약한 것이라 흔들리게 됩니다. 이 기회를 놓치면 다시는 광고에 나온 혜택을 누릴 수 없다는 조급한 마음에, 결국 덜컥 구매 버튼을 누르게 됩니다. 그래서인지 이런 세일즈 행사는 1년 내내 수시로 있습니다. 이런 행사는 매출을 올리기 위한 사업상의 기술일 뿐. 특별히 고객을 속이는 일은 아닙니다. 구매할지 말지, 지금 구매할 것인지, 나중에 구매할 것인지는 어디까지나 우리에게 달려 있습니다.

자, 이쯤에서 질문을 하나 해보겠습니다. 여러분은 증권사나 은행의 영업 담당자를 어떻게 보고 있습니까? '금융 지식이 풍부하고 친절하다', '항상 가족처럼 이야기를 들어주면서도, 상담료는 받지 않는다', '아주 믿음직한 존재다'라고 생각하는 사람들도 많을 것입니다. 하지만 반드시 기억해야 할 사실이 있습니다. 금융기관의 영업 담당자들은 직장에서 금융 상품을 판매하는 사람들입니다. 그리고 증권회사나 은행은 언제든 '지금 팔고 싶은 상품', '실적을 올릴 수 있는 상품'이 있기 마련입니다. 그래서 회사마다 '판매 강화 기간' 등을 설정해 전국 각 지점에서 일하는 영업 담당자를 독려합니다.

그래서인지 일본 같은 경우는 증권회사나 은행의 사무실 벽에는 한 사람 한 사람의 판매 성적을 나타내는 막대그래프가 붙어 있는 일도 있습니다. 이런 실적은 눈에 보이지 않더라도 승진이나 인센티브에 큰 영향을 미칩니다. 일하는 방법을 개혁해야 한다는 목소리가 높은 요즈음도 영업 현장의 엄격함이나 판매 경쟁의 치열함은 몇십년 전과 별로 달라지지 않고 있습니다.

비즈니스 상식을 확실히 이해하자

금융기관도 영리를 목적으로 하는 기업이기 때문에 파는 게 우선입니다. 아파트투자를 전문으로 하는 부동산 판매회사도 마찬가지입니다. 빨리 자금을 회수하고 싶어 준공한지 얼마 안 된 신축 건물 판매에 더욱 열을 올립니다. 이 점은 화려한 TV 광고를 내보내며 신제품 판촉 행사를 하는 식품업체나 화장품업체 등 사업회사도 마찬가지입니다. 어느 업계라도 '회사 측이 가장 먼저 팔고 싶은 상품'이 있고, 영업자들은 이런 제품부터 팔려고 합니다. 이것은 비즈니스의 상식이고, 영리를 추구하는 기업의 어쩔 수 없는 현실입니다.

물론 금융기관이 내세우는 '고객제일주의'나 '고객 퍼스트'가 완전히 거짓말이라고 주장하려는 것은 아닙니다. 우리가 만나는 영업 담당자도 억지로 팔아야 하는 상품만 파는 것은 아닐 것입니다. 다만 앞에서 '속기 쉬운 사람'과 관련된 부분에서도 이야기했듯이(4장), '좋은 사람만큼 무서운 것은 없다'라고 생각하며 늘 주의를 기울여야 합니다. '나는 사람 보는 눈이 있다'고 생각하여 스스로 과신해서는 안 됩니다.

'이 사람은 좋은 사람이다'라는 생각이 드는 영업 담당자는 대개 성실합니다. 오히려 그렇기 때문에, 성실하게 일하려고 한 나머지, 회사가 추천하는 상품을 열심히 팔려고 할지도 모릅니다. 다시 말해 내가 '좋은 사람'이라고 판단한 영업자는 고객인 내가 아니라 자신의 회사를 위해 일할 가능성이 큽니다.

적어도 한 가지 확실한 사실은, 영업 담당자는 결코 100% 우리 편에 서서 영업하지 않는다는 것입니다. 그들은 우리의 전속 투자 고문도 아니고, 투자란 무엇인지를 가르쳐주는 스승도 아닙니다.

사실 제 경험에 비추어볼 때. 영업 담당자 중에는 정말 금융 지식이 풍부한지 의심스러운 사람도 있습니다. 특히 취급하는 투자 상품이 한정된 은행 직원 중에는 금융이나 투자에 관한 전반적인 지식수준이 높다고 볼 수 없는 사람도 많습니다. 자신이 취급하는 상품을 파는 것만으로도 너무 벅차 더 깊이 공부할 여유가 없기 때문일 것입니다. 이러한 실태에 비추어 볼 때 다시 한번 더 강조하고 싶습니다. 요컨대 금융기관의 영업 담당자들은 '투자 선생님'이 아니라는 것입니다.

만약 영업 담당자가 권유한 상품에 의문이 들면, 다른 회사의 영업 담당자에게 물어보고 세컨드 오피니언을 듣는 방법도 있습니다. 그리고 영업 담당자는 '고객을 위한 상품'이 아니라 '팔고 싶은 것을 판다'는 사실을 비즈니스의 상식으로 이해하고, 그와 적당히 거리를 두고 지혜롭게 소통하는 것이 중요합니다.

원칙 7 '좋은 사람'을 완전히 믿어서는 안 된다고 의식하라.
투자로 수익을 올리고 싶다면, 스스로 배우고 지식을 익혀라.

8 | 금융기관의 판매 순위는 무시하라

꼭 알아두어야 할 상품의 판매 구조

앞에서 설명한 내용을 조금 더 보충해보려고 합니다.

증권회사의 홈페이지나 영업장에는 여러 가지 '판매 순위'가 게시되어 있습니다. 그중에서도 '이달의 인기 펀드' 같은 것을 가장 흔하게 볼 수 있습니다. 이런 순위는 증권사와 은행 등이 각각 독자적으로 매기고 있습니다. 이런 자료는 현재 어떤 투자신탁(투자펀드)[3] 상품이 인기가 있는지를 한눈에 볼 수 있도록 해줍니다. 상품의 이율과 함께 투자 전략에 참고가 되는 지표 중 하나라고 할 수 있습니다.

그런데 투자 상품의 판매 순위를 볼 때는 주의해야 할 부분이 몇가지 있습니다. 무엇보다 중요한 것은 상품의 '구조'에 대한 올바른

---

3) 투자가로부터 모은 돈을 하나의 큰 자금으로 굴리며, 운용 전문가가 주식이나 채권 등에 투자하는 상품. 운용 성과는 투자자들 각각의 투자액에 따라 분배되는 구조다. 모은 자금을 어떤 대상에 투자할지는 각 상품의 운용 방침에 근거해 전문가가 결정한다.

이해입니다.

먼저 '판매 구조'를 살펴보자면, 일반적으로 투자펀드는 투자신탁 운용회사(에셋 매니지먼트회사)가 설정하고 증권회사나 은행 같은 '판매회사'가 개인투자가나 기업 등에 판매합니다. 당연하지만 판매할 때마다 운용회사는 판매회사에 판매 수수료(커미션Commission이나 피Fee)를 지불합니다. 회사에 따라서는 여러 방식으로 영업 담당자에게 판매 장려책(인센티브)으로 보수가 지급되거나 운용회사가 부여하는 '포인트'가 부여되기도 합니다. 우리가 인터넷 쇼핑몰에서 쇼핑하거나 신용카드나 디지털화폐를 사용했을 때 포인트를 받는 것과 같은 구조입니다.

도표4 · 투자신탁 상품의 판매 구조 | 출처 · 일본투자신탁협회

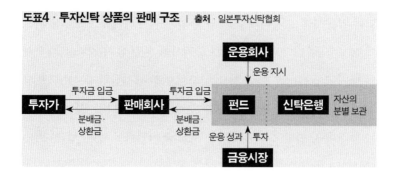

사실 이런 구조가 인기 순위에 큰 영향을 미치고 있습니다. 같은 운용사가 만든 투자펀드여도 A은행은 판매 순위의 상위권이고, B증권에서는 중위권에 머물 수도 있습니다. 혹은 대부분 같은 테마나 종

목으로 설정되어 비슷한 운용 성적을 내는 투자펀드인데도 X에셋 매니지먼트사의 상품은 잘 팔리지만, Y에셋 매니지먼트사의 상품은 잘 팔리지 않습니다. 내부 사정을 잘 아는 전문가가 아니면 그 이유를 잘 알 수 없는 구조입니다.

히트 상품 순위에는 조작이 있다

이처럼 이해하기 어려운 현상이 일어나는 이유는 판매 구조 안에 어떤 '장치'나 '조작'이 있기 때문입니다. 예를 들어, 판매회사에 대한 판매 수수료(판매 보수)가 다를 수 있습니다. 운용사의 영업 전략에 따라 타사는 일률적으로 2%인데, A은행에만 3%의 수수료를 지불하기도 합니다. 이런 경우 A은행은 당연히 이 상품을 우선적으로 팔고 싶어 합니다.

앞에서 언급한 세일즈 행사 기간의 추천 상품은 이런 경우라고 생각하면 거의 틀림없습니다. 그러니 회사에서 팔라고 지시하면 담당자도 암묵적인 이해를 받으며 필사적으로 팔아넘깁니다. 영업 담당자에게 영업 성적은 근무 평가와 직결되고 보너스에도 반영되기 때문입니다. 내용이 비슷한 펀드인데 X사의 상품이 Y사의 상품보다 더 잘 팔리는 경우는 대부분 X사가 더 높은 수수료(보수)를 설정했기 때문일 것입니다.

업계 반발에 대한 두려움을 무릅쓰고 대담하게 결론을 내리자면, 매장이나 홈페이지에 게시된 판매 순위는 판매회사 측이 '지금, 팔고 싶다'라고 생각하는 순위에 지나지 않습니다. 따라서 이런 순위에 너무 신경 쓸 필요는 없습니다. 과감히 말하자면, 무시해도 상관없는 경우가 대부분입니다.

'팔고 싶은 상품을 판다'와 같은 현상은, 보험대리점이나, IFA Independent Financial Adviser라 불리는 독립형 투자 자문회사에서도 쉽게 볼 수 있는 현상입니다. 물론 소수이긴 하지만, 인센티브의 유혹에 넘어가지 않고 고객제일주의를 고수하는 회사도 있기는 합니다. 따라서 투자자들은 지식과 경험을 쌓아, 판매회사의 자세를 판별하는 안목을 키우는 것이 중요합니다.

투자신탁에는 '신탁 보수'를 지불해야 한다는 사실을 잊지 말자

투자신탁에서 또 한 가지 주의할 점이 있습니다. 바로 수수료입니다. 먼저 상품을 살 때 판매 수수료가 붙습니다. 이처럼 구매 시 발생하는 판매 수수료는 투자가가 판매회사에 지불하는 돈입니다. 이 수수료는 판매회사나 상품에 따라 다르고, 인터넷으로 구매하는 경우에는 대부분 '온라인 전용 할인'을 받습니다.

우리들이 간과하기 쉬운 것은 '신탁 보수'입니다. '운용 관리 비용'이라고도 부르는 이 돈은 운용사에 지불하는 관리 및 운용 대행 수수료입니다.

다음 도표5에 투자신탁에 관한 수수료를 간단히 정리해보았습니다. 수수료에도 여러 가지 유형과 패턴이 있음을 알 수 있습니다. 투자신탁 상품 매매에 수반되는 이런 수수료는 실제로 손에 넣는 수익과 직결되기 때문에 미리 잘 조사해둬야 합니다.

도표5 · 투자신탁 관련 3종 수수료

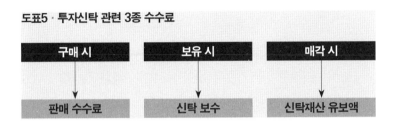

구매 시	보유 시	매각 시
↓	↓	↓
판매 수수료	신탁 보수	신탁재산 유보액

정리하자면, 인기 순위 같은 것을 들여다보면서 다른 사람이 어떤 상품을 구입하고 있는지, 혹은 매각하고 있는지를 신경 쓸 필요가 없다는 것입니다. 중요한 것은 나에게 정말 필요한 금융 상품이 무엇인지를 알고, 그런 상품을 어떻게 관리하고 운용해나가는지를 전력을 기울여 알아내는 것입니다. 이런 노력 없이 다른 사람이 권하는 대로 사거나 다른 사람의 행동을 보고 결정하면, 소중한 자산을 잃어버릴 수도 있습니다. 극단적으로 말하자면 그런 식으로 금융 상품을 구매하는 것은 바보 같은 행동이므로 절대로 해서는 안 됩니다!

원칙 8
인기 상품에 현혹되지 말고,
나에게 맞는 상품을 철저히 분석해 선택한다.

9 | '투자는 노동'이라고 생각하면 수익이 난다

고생한 만큼 수익을 기대할 수 있다

세상에는 '투자란 돈이 돈을 낳는 것이다. 고생 따위 하지 않아도 저절로 돈이 늘어난다'라고 생각하는 사람들이 많습니다. 하지만 이런 생각은 맞지 않습니다. 잠만 자고 일어나도 돈이 늘어나면, 아무도 힘들게 일 같은 건 하지 않을 것입니다.

당연한 이야기입니다만, 우리는 땀 흘려 일하고, 그 대가로 급여와 보수를 받고 있습니다. 열심히 일하지 않는 사람은 회사원이라면 최악의 경우 해고당하고, 경영자나 자영업자라면 거래처로부터 계약 해지를 당합니다. 바로 이것이 노동입니다. 노동(勞動)을 나타내는 한자 중 '노(勞)'에는 '위로(慰勞)하다'는 뜻이 있습니다. 따라서 우리가 받는 급여와 보수는 열심히 일한 사람을 위로하기 위해 주는 대가라고 생각해볼 수 있습니다. 다시 말해 노동은 일정한 대가로 위로받아야 할 만큼 힘든 것입니다.

세상에 편한 일은 없습니다. 대충하거나 빼먹고 얼버무리면 나중에 반드시 대가를 치러야 합니다. 허술하게 대충하면 나중에 힘들어지는 것은 바로 나 자신입니다. 반대로 힘들지만 열심히 하면, 노력한 만큼의 결과가 반드시 따라옵니다. 일이란 정직한 것입니다. 편한 것을 추구하면 결코 제대로 된 일을 할 수 없습니다.

투자도 이와 같습니다. 투자는 노동이며, 결코 편하게 돈을 버는 방법이 아닙니다. 평소 일을 할 때처럼 고생이 따릅니다. 투자로 성공하려면 그만큼 고생하고 땀 흘려야 하며, 그래야 고생한 만큼 이익이 돌아옵니다.

고생하며 노동한 대가가 급여나 보수라면, 고생하며 투자한 대가는 '수익 상승'이라 할 수 있습니다.

계속 배우다 = 인풋, 계속 실천하다 = 아웃풋

그럼 투자 수익을 올리기 위해 고생한다는 것은 무슨 뜻일까요? 핵심은 두 가지가 있습니다.

첫 번째는 투자에 대해 계속 열심히 배우고, 올바른 지식을 습득하는 것입니다. 두 번째는 실제로 소중한 자산을 운용하면서 투자의 어려움, 무서움, 즐거움, 기쁨을 계속 체감하는 것입니다.

첫 번째의 '올바른 지식 계속 배우기'는 이른바 인풋input(입력 사항)입니다. 그리고 두 번째 '계속 실천하기'는 아웃풋output(출력 사항)입니다. 두 가지 모두 '계속해나가는 것'이 아주 중요합니다. 계속해나가는 것이 바로 능력이자 힘입니다.

예를 들어, 우리가 택시 운전기사라고 상상해봅시다. 어느 날 갑자기 오른쪽 다리에 골절상을 입고 입원하는 처지가 되었습니다. 의사로부터 "큰 부상이라 직장으로 돌아가려면 반년 정도는 생각해야 합니다"라는 말도 들었습니다. 하지만 열심히 재활에 힘쓴 덕분에 의사의 진단보다 훨씬 빨리 직장에 복귀할 수 있었습니다.

그렇다고는 해도 바로 아프기 전과 같은 방식으로 택시를 운전할 수 있을까요? 아무리 뛰어난 운전기사라 해도 공백 기간이 길면 길수록 운전 감각을 되찾을 때까지는 어느 정도 시간이 걸릴 것입니다. 이것은 프로 선수들도 마찬가지입니다. 야구 선수든 축구 선수든 한번 크게 다치면 이후 경기에 복귀해 활약할 때까지는 오랜 시간이 걸립니다.

투자 역시 마찬가지입니다. 완전히 발을 빼고 쉬면 아무래도 감각이 둔해집니다. 그래서 매일 조금씩이라도 좋으니까, 쉬지 않고 투자하면서 시장이나 경제사회의 움직임에 계속 주의를 기울이는 것이 중요합니다. 단기, 중기, 장기에 걸쳐 시장과 시세를 보는 눈은 역시 매일매일 쉬지 않고 공부하고 연구함으로써 연마되는 것입니다.

5장에서도 언급했듯이, 최근에는 금융 상품을 자동으로 매매하는 프로그램이나 AI의 알고리즘에 따라 매매하는 앱과 소프트웨어가 잇달아 등장하고 있습니다. 선전 문구처럼 이런 자동 디지털 매매 시스템으로 큰 수익을 올릴 수 있다면, 개발자 자신부터 이것을 사용해 세계 제일의 갑부가 되었을 것입니다. 자금 운용에 고심하고 있는 연금 문제도 즉시 해결될 것입니다. 하지만 현실은 그렇게 간단치 않습니다.

몇 번이고 다시 말씀드리지만, 투자에 바로가기란 있을 수 없습니다. 투자를 하다 보면 항상 예기치 못한 여러 가지 상황과 맞닥뜨리게 됩니다. 열심히 흘려온 땀이 식은땀으로 바뀌는 긴박한 순간을 맞닥뜨리게 될 수도 있습니다. 물론 때로는 실패도 겪게 됩니다. 일할 때와 마찬가지로 항상 순조롭게 흘러가지만은 않습니다. 중요한 것은 그런 다양한 경험을 다음에 어떻게 살릴까 고민하는 것입니다. 실패를 성공의 양식으로 삼으려면 땀을 계속 흘리는 수밖에 없습니다.

투자에 임할 때는 회사에서 프레젠테이션 자료를 필사적으로 작성할 때처럼 진지한 태도로 도전해봅시다.

원칙 9 '기다리는 자에게 복이 온다'라는 말은 그냥 편히 지내면 된다는 뜻이 아니다. 투자 수익은 투자자가 꾸준히 흘린 땀에 비례한다.

10 | 초보자의 '승리 방정식'은 단 하나!

투자 전략을 제약하는 세 가지 변수

자산을 불리기 위해서는 어떤 것들을 고려해봐야 할까요? 기본적인 요소(변수)는 4개가 있습니다. 첫 번째가 자본이 되는 '자금'. 두 번째가 '연리·리턴(이율)'. 세 번째가 자금을 운용하는 시간, 즉 '기간'입니다. 그리고 마지막으로 네 번째가 '지식'입니다.

우선은 '자금'에 대해서 알아보겠습니다. 투자 원금이 많으면 많을수록 작은 이율로도 자산은 늘리기 쉬워집니다. 예를 들어 연이율 1%인 정기예금에 1,000만 원을 넣었다고 합시다. 계산하기 쉽도록 세금을 고려하지 않으면, 1년 후 얻는 이자(수익)는 10만 원입니다. 같은 정기예금에 10억 원을 맡기면 1,000만 원, 100억 원이면 1억 원입니다. 당연하지만 자금이 많을수록 얻는 리턴(절대액)도 커집니다.

다음으로 '이율'에 대해 살펴보자면, 금리가 높을수록 자산은 늘어납니다. 1,000만 원을 연이율 1% 정기예금에 맡기면 1년 후 수익은 10만 원이지만 연이율 2%라면 20만 원이 됩니다. 따라서 두 번째 변수인 이율이 커질수록 자산이 늘어나는 것은 너무나 당연한 이야기입니다.

세 번째 변수인 '기간'도 앞의 두 요소와 비슷합니다. 1,000만 원을 연이율 1%로 1년간 운용하면 얻을 수 있는 수익은 10만 원입니다. 만일 2년 더, 혹은 10년 더 맡기면 어떻게 될까요? 간단히 단리(원금에 대해서만 이자를 붙여 계산하는 방법 - 옮긴이)로만 대략 계산하면, 2년 후에는 20만 원, 10년 후에는 100만 원의 수익을 올릴 수 있습니다.

지금까지 살펴본 세 가지 변수를 곱한 '자금×연리·리턴(이율)×기간'은 말하자면, 투자할 때의 기초 조건입니다. 즉, 자본이 적거나 금리가 낮거나 운용 기간이 짧은 경우에는 자산을 불리기 힘듭니다.

도표6

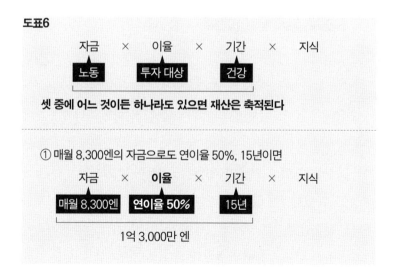

자금 × 이율 × 기간 × 지식
노동 투자 대상 건강
셋 중에 어느 것이든 하나라도 있으면 재산은 축적된다

① 매월 8,300엔의 자금으로도 연이율 50%, 15년이면
자금 × **이율** × 기간 × 지식
매월 8,300엔 **연이율 50%** 15년
1억 3,000만 엔

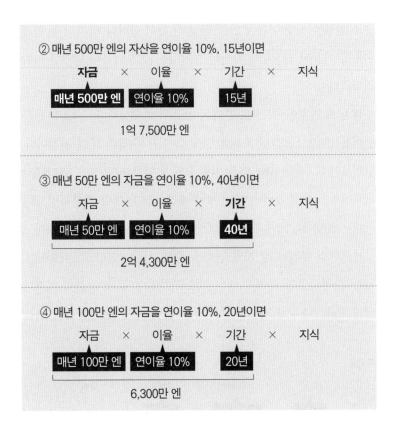

② 매년 500만 엔의 자산을 연이율 10%, 15년이면

자금 × 이율 × 기간 × 지식

매년 500만 엔   연이율 10%   15년

1억 7,500만 엔

③ 매년 50만 엔의 자금을 연이율 10%, 40년이면

자금 × 이율 × 기간 × 지식

매년 50만 엔   연이율 10%   40년

2억 4,300만 엔

④ 매년 100만 엔의 자금을 연이율 10%, 20년이면

자금 × 이율 × 기간 × 지식

매년 100만 엔   연이율 10%   20년

6,300만 엔

　도표6에서 살펴보았듯이, 자금, 이율, 기간 중 어느 하나의 조건이
라도 갖추면 자산을 만들 수 있습니다. 자금이 있으면 당연히 더 큰
자산을 만들 수 있고, 자금이 적더라도 이율이 높으면 역시 큰 자산
을 만들 수 있습니다. 또 지금은 자금이 없는 젊은 사람들은 앞으로
자금을 운용할 시간이 많기 때문에 괜찮습니다. 지금은 가진 자금이
적거나 높은 이율의 혜택을 받지 못한다 해도 투자할 수 있는 기간

이 길면 자산을 크게 불릴 가능성을 무시할 수 없기 때문입니다.

투자 전략은 우선 이런 세 가지 변수로 제약된다는 사실을 기억해야 합니다.

올바른 '지식'이 있으면 자산을 불릴 수 있다

투자의 성패를 결정하는 요소는 위의 세 가지 기본 요소뿐만이 아닙니다. 가볍게 여기기 쉽지만 네 번째 요소인 '지식(분석 및 판단 능력)'이야말로 오히려 가장 중요한 변수라고 볼 수 있습니다. 지식만 있다면 다른 기초 변수들의 제약 속에서도 최대한의 투자 효과를 볼 수 있습니다.

예를 들면, 지식이 있으면 투자 상품의 선택사항을 넓히거나 운용 기간을 조정하거나 리스크 분산을 도모할 수 있습니다. 더 나아가 굳이 리스크를 감당하지 않을 수도 있습니다. 요컨대 투자 전략의 폭이 넓어지고 유연성을 높일 수 있습니다.

물론 여기서 말하는 지식이란 올바른 지식이어야 합니다. 급히 쌓은 날림 지식은 오히려 손해를 입는 원인이 되어 위험도를 높이기 때문에 주의가 필요합니다. 진짜 자동차를 운전해본 적이 없는 사람이 운전 시뮬레이션 게임을 잘한다고 해서 갑자기 자동차를 몰고 도로로 나오면 어떻게 될까요? 혹은 이제 막 운전면허를 따고 연수받는 사람이 F1 드라이버의 높은 테크닉을 수박 겉핥기식으로 흉내 내려고 한다면 어떻게 될까요? 아마도 대형 참사가 일어날 것입니다.

그런 의미에서, 투자에 필요한 지식은 자기 자신의 수준에 맞게 차근차근 직접 해보며 쌓은 것이어야 합니다.

마지막으로 투자를 승리로 이끄는 방정식을 정리하면 다음과 같습니다.

자산을 늘리는 승리 방정식 = 자금 × 연리·리턴(이율) × 기간 × 지식(힘)

위의 방정식을 제대로 알고 따르면 누구나 투자를 통해 자산을 불릴 수 있습니다. 리스크를 최소로 억제하고 착실하게 자산을 형성해 나가는 것은 누구에게나 충분히 가능한 일입니다.

그런데 막상 자산을 운용하게 되면 많은 사람이 냉정함을 잃기 쉽습니다. 투자의 기본 요소들을 고려하며, 항상 차분하게 투자에 임하는 것은 결코 쉬운 일이 아닙니다. 특히 '지식(힘)'에 대해 잊어버리거나 가볍게 생각하는 사람이 많습니다. 혹은 아예 처음부터 지식의 필요를 알지 못하고 투자에 뛰어드는 사람도 많은 것이 현실입니다.

만약 이 방정식에서 지식(힘)이란 변수가 0이 되면, 투자에서 승리할 가능성도 0이 됩니다. 이 방정식은 곱셈이기 때문에 어느 하나의 변수라도 0이 되면 수익을 올릴 수 없다는 사실을 항상 기억해야 합니다.

겉만 번지르르한 거짓 투자 이야기에 바로 속아버린다거나, 누군가가 돈을 벌었다는 이야기를 듣고 확인하지도 않고 뛰어드는 사람들이 너무 많아 안타까울 때가 많습니다. 사람은 돈이 얽히면 이성을 잃고 감정적으로 흥분하여, 엉뚱한 거짓 정보에 휩쓸리기 쉽습니다. 아무쪼록 투자할 때에는 조심, 또 조심해야 합니다!

원칙 10 투자에는 기본 요소가 중요하다.
'당연한 일'을 경시해서는 안 된다!

11 │ 복리 효과의
진정한 의미

하루 1%씩 성장하면, 1년 후에는?

지금부터는 '나 자신의 성장'에 대해 생각해봅시다. 다음은 저희 '글로벌 파이낸셜 스쿨GFS, Global Financial School'의 오너이자 경영자인 우에노 요시오가 항상 학생들에게 묻는 중요한 질문이기도 합니다.

"만약 내가 하루에 1%씩 인간적으로 성장할 수 있다면, 1년 후에는 어떻게 될까요?"

하루에 1%니까 1년 365일로 계산하며 3.65배일까요? 아니요, 그렇지 않습니다. 매일 조금씩 성장한 부분도 이후 계속 성장하므로, 이것을 계산에 넣으면 1년 후엔 무려 37.78배가 됩니다. 1년 365일, 매일매일 단 1%라도 인간적으로 성장하려고 계속 노력하면, 1년 후, 5년 후, 10년 후면 우리는 자신도 모르는 사이에 크게 성장해, 더욱 풍요로운 인생을 보낼 수 있습니다.

이것이 이른바 '복리 효과'입니다. 하루에 1%씩 늘어나는 수익을

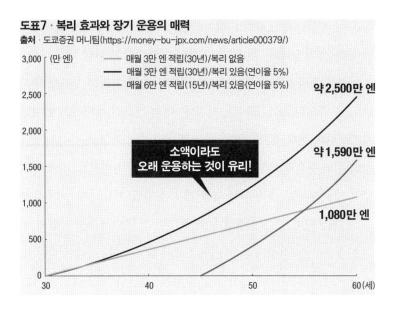

도표7 · 복리 효과와 장기 운용의 매력
출처 · 도쿄증권 머니팀(https://money-bu-jpx.com/news/article000379/)

다음 날 또 투자함으로써 '이자가 이자를 낳는 효과를 보여' 큰 과실로 자라나는 것입니다. 바로 티끌 모아 태산이지요.

이는 투자에 있어서 무엇보다 중요한 부분입니다. 아주 적은 자산의 성장이라 해도 결코 얕잡아 봐서는 안 됩니다. 흔들리지 않는 신념을 가지고, 꾸준히 쌓아 수익을 올리며 나아가는 것, 즉 작은 성장을 계속하려는 태도가 중요합니다.

버핏은 1964년 투자를 시작한 이래 연평균 20%의 수익을 올리고 있다고 합니다(책 집필 시점). 당연히 버핏의 자산도 복리로 운용되고 있어, 초기 투자자본은 반세기가 지난 2014년에 약 9,100배, 55년 후인 2019년에는 2만 2,645배가 되었으리라고 계산해볼 수 있습니다.

물론 이 계산대로 정확하게 맞지는 않았지만. 예측이 크게 빗나가지는 않은 것 같습니다. 경이로운 기록이라 할 수 있습니다.

여기서 투자가들이 꼭 기억해야 할 명언 한 가지를 말해보자면, '시간은 금이다'가 있습니다. 이 말은 미국 건국의 아버지인 벤저민 프랭클린이 했던 것으로, 영어로 그대로 옮기자면 'Time is Money'입니다. 시간은 돈과 마찬가지로 매우 귀중한 자산이므로, 결코 쓸데없이 낭비해서는 안 된다는 것을 강조한 말입니다. 다시 말해 유한한 시간을 의미 있고 소중하게 쓰자는 뜻입니다. 시간을 어떻게 쓰든 그것은 쓰는 사람의 자유지만, 소중히 쓸 줄 아는 사람이 받는 대가는 아주 큽니다. '나 자신의 성장'이든 '자산의 성장'이든 대가는 주어지기 마련입니다.

이때 돈과 시간 사이에 차이가 있다면, '리턴'이 있느냐 없느냐의 차이입니다. 시간은 누구에게나 같은 길이로 주어져 같은 속도로 흘러가지만, 돈은 운용 방법에 따라 불어나는 속도가 크게 달라집니다. 만일 원금에 대한 리턴이 10%면, 우리는 10%의 수익을 올릴 수 있습니다. 그런데 이 자금을 연이율 10%로 10년간 운용하면, 복리 효과로 10년 후에는 약 2.59배로 자산이 불어납니다. 20년간 운용하면 약 6.73배, 30년간 운용하면 약 17.45배가 됩니다. 즉, 운용 기간이 길어지면 길어질수록 자산의 증가 규모는 복리 효과로 점점 커지게 될 것입니다.

누구도 천천히 부자가 되겠다고는 생각하지 않는다!

물론 주식투자에는 볼라틸리티volatility(변동성)[4]가 있지만, 장기투자할 경우 가장 많은 리턴을 얻을 것으로 여겨지고 있습니다. 예를 들어 아이가 태어났을 때 그 아이의 장래를 위해 미국 주식에 1,000만 원을 투자했다고 칩시다. 이후 잘만 관리하면 그 아이가 50세가 되었을 때 1,000만 원 원금은 10억 원을 넘어서고, 70세가 되었을 때는 약 79억 원으로 불어납니다.

많은 사람이 눈앞의 이익에만 주목하고, 그 이익을 높이고, 그것을 쫓아가는 데만 노력을 기울입니다. 저는 그 이상으로 시간 활용을 최대화하는 데 노력을 기울였으면 합니다. 버핏은 다음과 같은 말을 했습니다.

"주식의 이상적인 보유 기간은 영원이다."

또 주식투자를 결혼에 비유해 이렇게도 말했습니다.

"교회에서 결혼할 때와 같은 마음으로 투자하세요, 평생 해로할 마음으로."

이렇게 복리의 마법으로 거액의 부를 이룬 버핏에게 아마존의 공동 창립자이자 CEO인 베저스가 이런 질문을 던진 적이 있습니다.

"왜 모두 당신 흉내를 내며 투자하지 않는 걸까요?"

버핏은 "천천히 부자가 되고 싶은 사람은 없으니까요"라고 대답

---

4) 주가 변동성을 나타낸다. 퍼센트로 나타내며, 가격 변동의 폭이 클수록 변동성은 높고, 가격 변동의 폭이 작을수록 변동성은 낮아진다.

도표8 · 미국 주요 금융 상품의 수익 추이
출처 · 제러미 시겔(Jeremy J. Siegel) 교수가 작성한 자료를 번역.

총실질수익지수
1802.01~2019.06

주식 1,467,909
채권 1,735
T-Bill 265
금 3.42
달러 0.047

주식 6.7%
채권 3.5%
T-Bill(국고단기채권) 2.6%
금 0.6%
달러(현금) -1.4%

했다고 합니다. 인간 세상의 진리를 꿰뚫은 참으로 예리한 통찰이 아닐 수 없습니다.

버핏만큼 크게 성공하기는 쉽지 않겠지만, 복리를 잘 활용하면 누구라도 자산을 10배, 100배, 아니 1,000배로 늘릴 수 있습니다. 많은 투자가가 머리로는 이 사실을 이해하면서도 빨리 큰 수익을 올리게 해준다는 정보에 현혹되어 눈앞의 기회(그럴듯한 사기)에 뛰어들어 실패하고 맙니다.

다시 한번 강조하겠습니다. 투자에서는 꾸준한 복리 효과가 무엇보다 중요합니다. 먼 길을 오랫동안 뚜벅뚜벅 한 걸음씩 한 걸음씩

걸어나갈 수 있는 사람만이 마침내 엄청난 수익을 올리게 될 것입니다. 인생도, 일도, 그리고 자산 운용도 착실하게 계속 노력할 수 있는 사람만이 그 보답을 받게 된다고, 저는 생각합니다.

원칙 11 티끌 모아 태산 × 시간은 금 = 계속해나가는 것은 힘.

12 | 투자 대상은
주식, 채권, 부동산 3개만

중요한 질문 두 가지

소중한 자산을 효율적으로 운용하기 위해서는 어떤 투자 상품을 선택하면 좋을까요? 이것은 모든 투자자가 고민하는 투자 전략의 근본적인 물음입니다.

투자 대상을 선택할 때 자문자답해봤으면 하는 것이 2개 있습니다. 첫 번째가 그 투자로 '인간의 소유주'가 될 수 있는지이고, 두 번째가 투자 결과로 '사회적 가치 창출'이 되는지입니다.

이 두 가지를 함께 생각해보면 투자 선택지는 훨씬 좁아집니다. 결론부터 먼저 말하겠습니다. 일반 개인투자가, 특히 초심자라면 투자 분야를 주식, 채권, 부동산의 세 분야로 좁힐 것을 권합니다. 이 3개 종목에 집중해두면, FX투자니 금투자니 하면서 이것저것 손을 댈 필요가 없습니다. 투자할 때에는 지나치게 많은 분야로 두리번거리지 않는 게 좋기 때문입니다. 지금부터 그 이유를 자세히 설명해보겠습니다.

우리는 지금 '인간의 소유주가 된다'와 '사회적 가치를 창출한다'라는 두 가지 조건을 바탕으로 기업에 투자하려고 합니다. 이때 기업에 투자하는 방법은 일반적으로 두 가지가 있습니다. 하나는 주식을 사는 방법(주식투자)이고, 다른 하나는 회사채를 사는 방법(회사채투자)입니다.

예를 들어, 시가총액이 일본에서 가장 큰 토요타 자동차에 투자한다고 가정해봅시다. 주식투자도 좋고, 회사채투자도 좋습니다. 토요타 자동차 같은 상장기업들은 우리나 다른 투자가들로부터 모은 자금으로 사업을 하고, 이를 통해 매출을 올려 수익을 얻습니다.

토요타 자동차에는 자사 그룹(자사와 자사의 지배력이나 영향이 미치는 회사를 모두 포함 - 옮긴이)에 약 36만 명의 종업원이 있습니다(2020년 3월 말 기준). 만일 전 종업원이 1일 8시간 일한다고 치면, 총 노동시간은 약 288만 시간이 됩니다. 즉, 토요타 자동차에서 이만큼 많은 사람이 이만큼 많은 시간을 소비해 열심히 땀 흘려 자동차를 제조해 팔기 때문에 그 결과로서 수익을 낳고 있습니다. 이렇게 '수익을 낳는다'는 행위는 곧 '가치를 낳는다'는 행위로 연결됩니다. 이것이 경제활동의 본질입니다.

주식에 투자한 사람은 '주주'가 됩니다. 주주는 투자한 주식 수에 따라, 투자기업이 만들어낸 수익 중에서 배당금을 받을 권리가 있습니다. 흔히 회사는 누구의 것인가라는 논란이 있지만, 당연히 사업자본을 제공한 주주도 어느 정도 권리가 있습니다. 따라서 기업이 올린 수익 일부를 배당금 형태로 돌려받는 것은 주주의 정당한 권리라고 할 수 있습니다. 기업의 실적이 오르면 배당금뿐만 아니라 주가 자체가 오르는 것도 기대할 수 있습니다. 이것이 자본주의의 구조입니다(자세한 것은 13장 참조).

바꾸어 말하면, 모든 주주는 비록 주식이 소량이더라도 그 회사의 주인입니다. 토요타 자동차의 주주라면, 토요타 자동차의 사장을 포함한 경영자나 종업원들의 오너가 되는 것입니다.

주식이 아니라 회사채에 투자했을 때도 마찬가지입니다. 회사채에 투자한 사람은 회사가 사전에 약속한 이율에 따라 이자를 받을 수 있습니다. 회사채는 회사 입장에서는 빚(부채)이기 때문에 상환 기간이 미리 정해져 있고, 만기가 되면 전액을 상환할 의무가 있습니다. 투자하는 사람은 만기가 오면 돈이 되돌아오므로, 계속 그 회사에 투자하고 싶다면 다시 채권을 사야 합니다. 이 점이 바로 자기가 팔고 싶을 때까지 계속 소유할 수 있는 주식과의 차이점입니다.

어쨌든 개인이 회사채에 투자하면 회사는 그것을 밑천으로 사업을 벌여 수익을 창출합니다. 따라서 폭넓게 해석하면 회사채를 산 사람도 회사채를 소유하고 있는 동안에는 회사에서 일하는 사람들의 오너가 된다는 것을 의미합니다. 이것은 주식이나 채권을 조합한 상품을 파는 투자신탁을 통해 투자할 때도 마찬가지입니다.

국채를 사면 '국민의 주인'이 된다

같은 채권이라도 회사채가 아닌, 나라가 발행하는 국채는 어떨까요? 이 경우도 간접적으로 인간의 소유주가 됩니다. 정부가 발행하는 국채에 투자했을 경우, 정부는 국채를 통해 모은 자금으로 국민을 위해 여러 가지 사업을 시행합니다. 도로나 다리 등을 건설하는 공공 사업, 재해 복구 사업, 코로나 사태로 피해를 본 사업자를 지원하는 캠페인 등이 전형적인 예입니다. 이런 사업을 통해 많은 사람이 일자리를 얻고 새로운 사회적 가치를 낳습니다. 즉, '국채를 산다'는 행위는 투자자인 우리 자신을 포함한 그 나라 '국민의 오너가 된다'는 것입니다.

'인간의 소유주'라는 말이 좀 기분 나쁘게 들릴지도 모르지만, 풀어 말하자면 '가치를 창출하는 인간의 행위'에 투자하는 것을 뜻합니다. 즉, '기업에 돈을 투자하여 기업에서 일하는 사람들과 함께 가치를 창출하는 것'입니다.

주식이나 회사채 외에 '인간의 소유주가 되어 사회적 가치를 창출한다'는 조건을 만족시키는 또 하나의 투자 대상이 있습니다. 부동산입니다.

투자 대상일 때의 부동산은 주로 토지나 건물입니다. 예를 들어, 토지를 사서 원룸 아파트나 빌라 등을 지었다고 합시다. 그러면 각 방에 입주한 사람들은 이 원룸을 생활 거점으로 삼아 일하러 가거나, 학교에 다니거나, 혹은 연금을 받으면서 집주인인 우리에게 월세를 냅니다. 결과적으로 투자자는 이 원룸 건물을 통해 인간의 소유주가 되어 사회적 가치를 낳게 됩니다.

단, 부동산투자에서는 주의해야 할 사항이 있습니다. 인구구조 변화나 코로나 사태 등 예기치 못한 사태로 인해 수급 변동 리스크가 높아질 가능성이 있으며, 기획부동산 사기나 관련 법규 등을 둘러싸고 문제도 발생하고 있으므로 투자 전에 충분한 지식과 정보를 쌓아야 합니다.

FX로 확실히 수익을 올리려면 거래 중개회사를 만든다?

FX 등 외환거래는 원래 외국과 무역하는 회사들이 쉽게 결제하거나 환율 변동의 위험을 줄이기 위해 생겨난 것입니다. 쉽게 말해 돈으로 돈을 사고파는 특수한 거래입니다. 즉, 본래 주식이나 채권처럼 '인간의 소유주'가 되기 위한 투자와는 목적이나 성격이 전혀 다른 투자입니다. 그래도 무역회사라면 외국과 제품 및 서비스를 거래하면서 사회적 가치를 낳습니다. 따라서 인간의 소유주가 되는 투자라고 말할 수 있을지도 모릅니다. 하지만 무역 업무와 아무런 관계도 없는 일반 개인투자가가 하는 FX거래는 인간의 소유주가 되는 길과는 무관하다고 볼 수 있습니다.

실제로 FX거래에서는 단기간에 매매를 반복해 환차익으로 수익을 올립니다. 여기에는 장기 보유라는 개념은 존재하지 않습니다. 사실 저는 이 업계에서 20년 넘게 일하는 동안 FX투자로 돈을 번 사람을 본 적이 없습니다. 전문투자가라도 감당하기 어려울 정도로 큰 손해를 보는 것이 다반사이며, 지극히 리스크가 높은 투자 대상 중 하나입니다. 주사위를 던져서 하는 도박이나 마찬가지라고 한다면, 지나친 말일지 모르겠습니다. 하지만 아무리 보아도 FX거래에 참여하는 사람은 '투자가'라기보다는 '투기꾼'이라는 게 제 생각입니다.

실제로 한 FX거래 중개회사 사장님이 제게 "FX로 돈을 버는 비결을 알려주세요"라고 물으시길래 다음과 같이 대답했습니다.

"사장님이 직접 거래 중개회사를 차린 것, 바로 그게 FX로 돈 버는 비결입니다."

거래업체는 누군가가 거래할 때마다 수수료를 부과합니다. 그 사람이 돈을 벌든 손해를 보든 거래가 이루어질 때마다 거래업체는 확실히 수수료를 받을 수 있는 구조로 설계되어 있습니다. 따라서 이런 시스템에선 거래 중개회사를 세우는 것이 수익을 올리는 가장 확실한 비결이라고 할 수 있습니다.

물론 투자는 어디까지나 개인의 자유입니다. 하지만 모처럼 소중한 자산을 투자해야 한다면, '사람이 일을 해서 가치를 낳는 쪽'으로 연결되는 것이 좋지 않을까요?

투자도 사회를 지탱하는 중요한 인간의 행동 중 하나이므로, 사람들이 부유하고 행복하게 사는 데 공헌하는 것이어야 한다고 믿어 의심치 않습니다.

원칙 12   '인간의 소유주가 되어 가치를 창출하는' 것이 진정한 투자다!

13

투자의 출발점은 '자본주의란 무엇인가'를 이해하는 것

자본과 노동을 활용해 이윤을 추구하는 경제 시스템

두말할 필요도 없이 우리가 사는 나라는 자본주의 국가입니다. 우리는 자본주의라는 틀 안에서 일하며 생활하고 있습니다. 그런데 '자본주의'란 도대체 무엇일까요?

1850년 우리가 알고 있는 자본주의 개념을 최초로 정립한 사람은 프랑스 사회주의자인 루이 블랑Louis Blanc이라고 합니다. '주의'라고는 하지만 일상적인 비즈니스 현장 등에서 자본주의라는 단어를 사용할 때, 정치적인 주의나 주장이 들어가거나 특정 사상이나 신조를 집어넣는 일은 거의 없습니다.

즉, 여기서의 자본주의는 '자본주의경제' 혹은 '자본주의경제 체제'를 가리키는 말이라고 생각하면 됩니다. '자본'이란 경제활동에 쓰이는 자금이나 자재를 의미합니다. '투자'는 글자 그대로 그러한 자산Asset에 자본을 투자하는 것이며, 자본을 투입한 자산은 새로운 자본을 창출합니다. 이것이 기본적인 자본의 구조입니다.

흔히 경제를 인간의 몸에 비유해 '돈은 경제를 움직이는 혈액'이라고 합니다. 그렇다면 경제라는 몸에 돈이라는 혈액을 주입해 몸을 건강하게 만들려는 행위가 바로 '투자'라고 볼 수 있습니다.

자본주의가 형성되기 전 사람들이 물건이나 서비스를 생산하는 목적은 오로지 본인이나 가족이 먹거나 사용하기 위한 것, 즉 스스로 소비하기 위해서였습니다. 그러다가 자신들이 만드는 것 이외에 갖고싶은 것이 있으면, 물물교환을 통해 얻었습니다. 그런데 문명이 발전하면서 사람들의 생산활동이 확대되고 소비 욕구도 증대되었습니다. 그 결과 발명된 것이 '돈(=자본)'이라는 아주 편리한 도구입니다.

돈은 자본주의의 시작입니다. 자본주의 체제에서 생산활동은 오로지 자신의 소비만을 위해서가 아닙니다. 사회의 소비 요구에 응하기 위한 것, 즉 '이윤(수익)을 얻기 위한 생산활동'입니다. 이런 식의 자본주의는 18세기 영국에서 일어난 산업혁명을 계기로 비약적으로 발전해 지금과 같은 구조가 형성되었습니다.

이렇게 발전된 자본주의를 다시 정의하면, '생산수단을 가진 사람(=자본가)이 생산수단을 가지지 않는 사람(=노동자)을 고용해 일을 시키고 임금을 주는 체제로, 자본가의 자본과 노동자의 노동을 잘 조합해 활용함으로써 이윤을 추구하는 경제 시스템'이라 할 수 있습니다.

당신도 금방 '자본가'가 될 수 있다!

갑자기 자본주의에 대한 이론적인 설명을 하는 이유는 자본주의의 기본 원리야말로 앞에서 말한 12장 〈투자 대상은 주식, 채권, 부동산 3개만〉의 근거가 되기 때문입니다. 12장에서 강조한 것은 바로 '인간의 소유주가 되는 투자가 중요하다'는 것입니다.

자본주의경제 체제하에서 '자본을 가진다'는 것이 얼마나 중요한지부터 확실히 알아야 합니다. 자본주의경제 체제에서는 자본가가 되는 것이 큰 수익을 얻는 가장 유력한 수단이자 사회적 성공으로 가는 지름길입니다.

다음 도표9는 1980년 이후의 노동분배율을 나타낸 것입니다. 노동분배율이란 기업이 만들어낸 부가가치 중 노동자에게 분배되는 이율을 나타내는 지표입니다. 도표를 보면 오스트레일리아와 일본

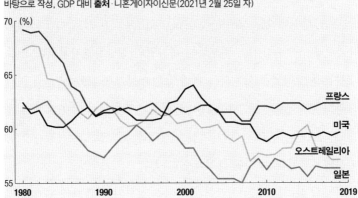

도표9 · 계속되는 노동분배율의 정체 | 주·미국 세인트루이스 연방준비은행의 데이터를 바탕으로 작성, GDP 대비 **출처**·니혼게이자이신문(2021년 2월 25일 자)

의 노동분배율은 미국보다 낮고, 30년 전과 비교해 감소한 상태로 정체되어 있음을 알 수 있습니다.

잘 생각해보면, 근로자가 기업과 노동계약을 한 뒤 열심히 일해서 얻을 수 있는 월급은 그 상한선이 어느 정도 정해져 있습니다. 노동조합의 투쟁과 교섭으로 전년보다 조금 더 오를지도 모릅니다만, 기업이 수익을 냈다고 해서 그것이 그대로 임금에 반영되지는 않습니다. 즉, 자본주의 체제에서 노동자는 약자에 속하기 때문에 늘 손해를 본다고 말할 수 있을지도 모릅니다. 그렇다고 '아아, 나도 금수저로 태어나 자본가가 되고 싶다'라고 한탄할 필요는 없습니다. 사실 우리 일반인들도 얼마든지 자본가가 될 수 있습니다. 대표적인 방법은 두 가지입니다.

첫 번째는 스스로 회사를 세워 주인이자 경영자가 되는 것입니다. 사업을 키워 주식공개를 하면, 보유한 주식에 대한 가치만큼 자본이 늘어 훌륭한 자본가가 될 수 있습니다. 실제로 세계적인 부자 순위를 보면, 상위에 있는 대부분이 GAFA(구글, 애플, 페이스북, 아마존 4개 회사를 이르는 말—옮긴이)로 대표되는 대기업의 창업경영자입니다. 이들 대부분은 경영권을 확보하기 위해 많은 자사주를 보유하며, 그 결과 해마다 주가 상승으로 자산 가치를 키우고 있습니다. 소프트뱅크 그룹의 대표인 손정의 등 벤처기업을 창업해 대기업으로 성장시킨 창업경영자들이 부자 순위 상위에 있습니다.

회사를 차리는 것이 어렵더라도 아직 자본가가 되기를 포기할 필요는 없습니다. 두 번째 방법이 있습니다. 주주가 되는 것입니다. 한 회사의 주식을 매수하면 우리는 주주라는 이름의 훌륭한 오너, 즉 자본가가 될 수 있습니다. 주주에게는 지분(주식 수)에 따라 다양한 권리가 부여됩니다.

주주가 되면 경영에 관여할 수도 있고, 배당금을 받을 수도 있습니다. 예를 들어보겠습니다. 소프트뱅크 그룹의 주식을 매수하는 방법으로 투자하면 이 회사의 경영에 참여할 수 있습니다. 바꾸어 말하면, 대표인 손정의를 우리가 고용하는 것과 같은 셈입니다. 그런데 이 회사의 대주주가 손정의이기 때문에, 소액 주주인 우리의 의향대로 일해줄지 어떨지는 좀 의문이긴 합니다만… 잠깐 농담을 좀 해보았습니다. 어쨌든 주주가 되면 일반인들도 기업의 이익을 함께 나눠 갖는 자본가가 될 수 있습니다.

하루 벌어 하루 먹고 사는 것에서 시작된 인간의 경제활동은 이제 현대의 수준 높은 자본주의경제 체제로 발전했습니다. 하지만 지금도 여전히 자본주의의 밑바닥에는 '보다 잘 살고 싶다'는 인간의 본능이 자리하고 있습니다. 이런 본능은 오랜 인류의 역사와 함께해온 것으로, 사람들은 늘 이런 본능을 해결하기 위해 노력해왔습니다. 그런 노력의 결과물로서 산출된 가치가 한층 더 풍부하고 행복한 생활을 추구하게 하며, 주식 등의 자본에 재투자되는 것은 자연의 섭리에 가깝다고 봅니다. '인간의 소유주가 될 수 있는 투자'란 이런 섭리에 따르는 투자입니다.

원칙 13   자본주의경제에서 성공하려면 자본가가 돼라.

14

투자 대상을 고를 때는
반드시 수익을 '연이율'로
환산하라

금융상품의 리턴은 기본적으로 '연이율 ○%'로 표현

투자의 세계에서는 흔히 '수익은 리스크와 리턴의 크기와 관계있다'
고 합니다. 도표10은 주요 투자 상품의 리스크와 리턴의 관계성을
나타낸 기본 이미지입니다.

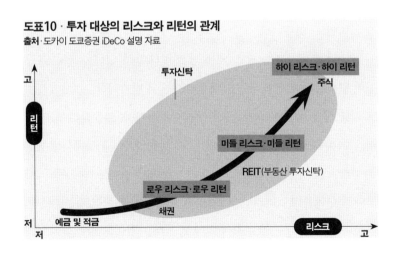

도표10 · 투자 대상의 리스크와 리턴의 관계
출처 · 도카이 도쿄증권 iDeCo 설명 자료

예를 들면, 예금 및 적금은 원금이 보장되므로 리스크는 작지만, 이자도 적어 '로우 리스크·로우 리턴'형 상품입니다. 한편, 주식은 리스크가 크지만, 큰 가격 상승이익(자본이익)을 기대할 수 있는 '하이 리스크·하이 리턴'형 상품이라고 할 수 있습니다. 여기서 말하는 리스크란 '결과의 불확실성'을 뜻하며, 주식가격 변동 폭으로 볼 수 있습니다.

리스크가 작은 자금 운용은 손실 가능성은 적지만, 수익도 적습니다. 반대로 리스크가 큰 운용은 큰 리턴을 얻을 가능성이 있습니다. 물론 그만큼 큰 손실을 볼 가능성이 있다는 것도 잊지 말아야 합니다.

어느 경우나 금융 상품의 수익금은 기본적으로 '연이율 ○%'라는 식으로 표현됩니다. 이것은 기본 중의 기본이고, 굉장히 중요한, 핵심입니다. 그러니 투자할 때는 이 사실을 꼭 기억해야 합니다. 연이율을 확인하는 것이 왜 그렇게 중요한지는 다음과 같은 경우를 생각해보면 알 수 있습니다.

어느 날 우편함으로, 혹은 메일로 '특별한 투자 이야기'를 담은 우편이 날아왔습니다. 내용을 살펴보니 다음과 같습니다.

'지금 당장 한 계좌에 1,000만 원부터 투자할 수 있습니다. 이런 기회는 이제 두 번 다시 오지 않습니다! 해외 유력 투자회사에서 운용하는 상품으로, 사실상 원금이 보장되며, 매월 수익률이 20%나 됩니다!'

매월 수익률이 20%라면 5개월이면 본전을 뽑을 수 있다는 계산이 나옵니다. 그 후에는 오로지 수익이 쌓여가는 것이고 원금도 보장되니까 정말 매력적인 투자처라고 볼 수 있습니다.

하지만 여기서 잠시 머리를 식히고, 좀 더 냉철하게 계산해봅시다. 물론 금융 상품에 따라 20% 넘는 수익을 올릴 수 있는 상품이 있긴 있습니다. 일본의 예를 들어보자면, 2020년 11월 30일 자 투자신탁(펀드)과 주식의 당월 1개월 동안의 수익률 상위 종목을 보면 도쿄 돔의 주가는 한 달 동안 28.6%나 올랐습니다. 마침 미쓰이부동산이 주당 약 1만 3,000원에 주식공개매수TOB로 도쿄 돔을 인수할 계획을 발표한 직후라 도쿄 돔 주가가 요동쳤기 때문입니다.

'폰지 사기'과 '도이치(11)'를 통해 보는 속임수 테크닉

이처럼 주식이나 투신 상품에서 일시적으로 수익률이 높아지는 것은 결코 드문 일이 아닙니다. 하지만 이런 식으로 매월 꾸준히 높은 수익률이 유지되기는 어렵습니다. 처음 '매월 이율 20%'라는 말을 들으면 보통 머릿속으로 어떤 계산을 할까요? '예금 금리는 0.001%인데…'라고, 순간적으로 '20%'와 '0.001%'를 비교하지 않을까요? 하지만 이런 비교는 잘못된 것입니다. 예금 금리 0.001%는 '연이율'을 말합니다. 반면 매월 20%는 '월이율'을 가리킵니다. 이것을 연이율로 바꾸어 계산해보면, 20%가 12개월 동안 쌓여 1년 수익률이 무려 240%에 이릅니다. 이 정도면 누구라도 수상하다고 여길 것입니다. 그러나 어리석게도 눈앞에 보이는 작은 숫자만 보고, 깊은 생각 없이 속아 넘어가는 사람들이 적지 않습니다.

게다가 위에서 예로 든 상품 같은 경우에는 원금이 보장된다고 합니다. 그것도 앞에 '사실상'이라는 모호한 말을 붙여두었습니다. 잠시만 냉철하게 생각해보면, 일본에서 원금이 보장된 금융상품은 은행 예금 1,000만 엔(유초은행 예금은 1,300만 엔)과 그에 따른 이자뿐임을 떠올릴 수 있습니다(한국의 경우 은행, 증권회사, 보험회사, 종합금융회사 등이 예금자보호법에 따라 각 기관당 최대 5,000만 원까지 보장하되, 일부 상품은 보호되지 않는다 - 옮긴이). 이쯤에서 이 상품이 '사기!'임을 알아채야 합니다.

사기에는 2마리의 새가 있다고 합니다. 백로인 척하는 까마귀(속이는 사기꾼)와 사기의 표적이 되는 봉(피해자, 봉황의 수컷으로 속이기 쉬운 사람을 가리키는 말-옮긴이)입니다. 사기꾼은 피해자의 돈을 교묘하게 끌어모은 뒤 탈탈 털어 도주합니다. 이들은 처음엔 높은 이율로 배당금을 주면서 신규 투자자를 모읍니다. 하지만 출자금을 모아놓고도 운용은 하지 않고, 그중 일부를 투자자에게 나눠주는 것뿐입니다. 따라서 어느 정도 자금을 모으면 그것을 들고 그대로 도망쳐버리는 사기극을 벌여 많은 투자자에게 피해를 줍니다.

이런 사기 기법을 폰지 사기Ponzi scheme라고 하는데, 1920년대 이 방법으로 미국에서 큰 사기를 쳤던 유명한 사기꾼의 이름을 딴 것입니다. 찰스 폰지는 교묘하게 출자자로부터 돈을 모으고 그것을 운용하는 것처럼 꾸몄지만, 실제로는 아무것도 하지 않았습니다. 그 돈을 다른 출자자의 배당금으로 지급하면서 고객을 계속 늘려가다가 결국 거액의 돈을 가로채는 사기를 쳤습니다. 일본에서는 이것을 '출자금 사기', 한국에서는 '다단계 금융 사기'라고도 합니다만, 미국에서는 100년 이상 전부터 자주 반복되는 사기 사건입니다. 심지어는 전 NASDAQNational Association of Securities Dealers Automated Quotations(미국증권딜러협회) 회장이 가담한 사건까지 있었습니다. 한국과 일본에서도 비슷한 사기 사건이 몇 건 있었고, 최근에는 암호화폐를 가지고 폰지 사기를 치는 사건도 있었습니다. 당연한 이야기지만 폰지 사기의 최후는 많은 투자자의 파산입니다. 대부분 사기꾼이 잡혀도 출자자들의 돈은 어디론가 사라져 없어진 뒤입니다. 피해자들은 한 푼도 되찾지 못하는 경우가 대부분입니다.

따라서 수상한 돈벌이로 눈앞에서 유혹하면, 반드시 '연이율 환산'부터 해야 합니다! 멋진 광고 팸플릿에 현혹되지 말고, 거기에 쓰인 이율의 숫자가 월리인지, 연리인지부터 냉철하게 잘 확인해볼 필요가 있습니다. 그러면 그 자금 운용 계획이 얼마나 현실과 동떨어진 것인지를 금방 알 수 있을 것입니다.

덧붙여서 한 가지를 더 소개하자면, 일부러 작은 숫자로 표현해 상대방이 착각하도록 유도하는 고전적인 사기법이 있습니다. 일본의 '도이치(十一)'입니다. 도이치는 '10일에 10%'의 이자, 즉 '열흘에 1할'이라는 높은 이자를 받는 고리대금업자를 가리키는 말입니다. 10일에 10%를 하루 단위로 고쳐 계산하면 1%의 이자를 지불하는 것을 뜻합니다. 예를 들어, 고리대금업자에게서 1만 원짜리 지폐를 한 장 빌렸다고 칩시다. 처음엔 '하루에 100원씩 지불하는 것쯤이야 괜찮

도표11 · 카시오에서 제공하는 편리한 계산 페이지

출처·https://keisan.casio.jp/exec/system/1248923562

💰 복리계산(원금과 이자 합계)

홈 / 돈 계산 / 이자 계산
복리로 이자 발생별 원리합계와 이자를 계산해 표와 그래프로 나타냅니다.

미래 가치

| 연이율 | **5** | % | ● 표면금리 | ○ 실질금리 |

| 원금 | **100000** | (PV) |

| 경과 연수 | **10** | (n) |

복리 주기　● 1년　○ 반년　○ 사분기　○ 1개월　○ 1일

[계산] [삭제] [그래프] [보존·불러오기] [인쇄] [14행 ▼]

NO.	연수	원리합계	이자	실질금리
1	1년째	105,000	5,000	5%
2	2년째	110,250	10,250	10.25%
3	3년째	115,763	15,763	15.7625%
4	4년째	121,551	21,551	21.5506%
5	5년째	127,628	27,628	27.6282%
6	6년째	134,010	34,010	34.0096%
7	7년째	140,710	40,710	40.71%
8	8년째	147,746	47,746	47.7455%
9	9년째	155,133	55,133	551328%
10	10년째	162,889	62,889	62.8895%

지'라고도 생각할 수 있습니다. 하지만 이것을 하루 이율로 따져보면 1일에 1%이므로, 월이율로 바꾸면 한 달에 30%가 되고, 연이율로 바꾸면 1년에 365%가 되어버립니다. 물론 이런 고리대금은 법적으로 금지되어 있습니다. 하지만 불법 사채업자 중에는 연이율로 환산하면 몇백%에 가까운 고리대금으로 급한 사람들에게 돈을 빌려주는 경우가 비일비재합니다.

따라서 투자하거나 대출받을 때는 연이율로 환산하면, 상황을 정확히 파악할 수 있습니다. 이 계산을 해보기 전에는 아무리 돈이 궁하더라도 함부로 대출받아선 안 됩니다!

덧붙여서, 다양한 복리 상품의 연이율을 쉽게 계산할 수 있는 사이트를 소개하고자 합니다. 일본 '카시오'라는 회사가 운영하는 사이트(https://keisan.casio.jp/)에서 '이자 계산(利息計算)'을 클릭하면, 복리로 표면금리와 실질금리의 연이율을 계산할 수 있습니다(한국의 경우 네이버 등 포털사이트 등에서 이율계산기로 검색하거나 앱을 다운받아 계산해볼 수 있다 - 옮긴이).

원칙 14   '매월 ○%'를 연이율로 환산해보면 사기를 간파할 수 있다.

15 | '겉보기 수익'에
마음을 뺏기지 마라!

인컴 게인과 캐피털 게인

투자에서 얻는 수익에는 '인컴 게인Income gain(소득이익)'과 '캐피털 게인Capital gain(자본이익)', 이렇게 2가지가 있습니다. 인컴 게인에는 배당금(주식), 이자(채권, 예금 및 적금), 월세 수입(부동산) 등으로 올리는 수익이 있습니다. 캐피털 게인에는 주가나 부동산 가격 등 원자산의 가치 상승에 따라 나오는 수익이 있습니다.

투자할 때는 이런 인컴 게인과 캐피털 게인을 종합적으로 파악해야 합니다. 즉, 투자한 자산으로 인해 수익이 나는 부분과 자산 자체의 가격 상승 부분을 합쳐 수익성을 판단해야만 합니다. 중요한 것은 실제로 수중에 들어오는 '최종수익'입니다. 다음과 같은 예를 생각해봅시다.

매월 분배형 투자신탁에서 주의할 점

한국에는 상품이 비교적 적지만, 일본에서는 이전부터 '매월 분배형 투자신탁'[5]이 인기 상품입니다. 그 이유는 아마도 매월 조금씩이라도 확실히 인컴 게인(분배금)이 들어오기 때문에, 수익을 올리고 있다는 실감을 얻기 쉽기 때문일 것입니다. 하지만 여기에는 주의할 점이 있습니다. 눈앞의 수익에 기뻐하기만 해서는 안 됩니다. 약간의 인컴 게인을 얻는 사이에, 캐피털 게인이 마이너스가 될 수도 있습니다. 즉, 양쪽을 아울러 생각하면 자본이 감소해, 결국 총자산은 증가하고 있지 않다는 사실을 알게 됩니다. 어떻게 이런 일이 생긴 걸까요?

예를 들어, 1좌에 10원인 매월 분배형 투자신탁을 100만 좌(1,000만 원어치) 구입했는데, 1만 좌당 500원의 분배금이 나왔다고 합시다. 단순하게 1좌당 환산하면, 0.05원이 됩니다. 그러면 세금을 고려하지 않은 상태에서 1년에 얻을 수 있는 분배금을 계산해봅시다.

0.05원×100만 좌×12개월=60만 원

이 투자로 얻을 수 있는 수익률은 연 6%입니다.

---

5) 1개월마다 결산해 수익 등의 일부를 수익 분배금(분배금)으로 매월 분배하는 것을 운용 방침으로 삼는 투자신탁 상품. '투자신탁 상품 운용을 계속하면서, 매월 그달의 운용 성과를 받고 싶다'라는 요구를 충족시키는 상품이라고 할 수 있다. 다만 매월 분배가 보증된 것이 아니라서 분배금을 확실히 받을 수 있는 것은 아니다.

현시점에서 일본의 보통예금의 금리가 연 0.001% 정도입니다. 따라서 1,000만 원을 예금해도 세전 이자는 100원이므로, 이 투자의 수익률은 보통예금의 6,000배에 이릅니다. 예적금 금리가 1~3% 정도인 한국과 비교해도 높은 수익률입니다. 그래서 이 사실만 보면, "와 대단하다! 돈 벌었다!"라고 크게 기뻐할 만합니다. 하지만 섣부른 판단일지도 모릅니다. 왜냐하면 연이율 6%라는 수익률은 어디까지나 구입한 시점에서 '기준가격'[6]에 대한 이율에 지나지 않기 때문입니다.

기준가격이란, 간단히 말하면 '투자신탁 가격'으로, 일반적으로는 DCF법Discounted Cash Flow(현금흐름할인법)[7]에 따라 계산됩니다. 기준가격은 샀을 때 가격 그대로 변하지 않는 것이 아닙니다. 각각의 투자신탁 상품을 구성하는 기업의 기업 가치가 그때그때 바뀌면 상품의 기준가격에도 변동이 있습니다.

만약 1년 후 기준가격이 1만 좌당 9만 4,000원으로 떨어지면, 100만 좌를 구입한 우리의 지분가격은 940만 원이 됩니다. 분배금 60만 원을 더해도 겨우 원금을 유지할 수 있다는 계산이 나옵니다. 만약에 1만 좌당 9만 3,900원으로 가격 변동이 생기면, 100만 좌의 기준가격은

---

6) 투자신탁을 거래할 때 적용되는 가격. 투자신탁에는 거래 단위(좌)가 있는데, 운용을 개시하는 시점에서 하나의 거래 단위인 1좌당 1원, 1,000좌 기준으로 구입할 수 있는 투자신탁은 운용을 개시하면 1좌당 가격이 운용 성과에 따라 변동한다. 거래 시에는 그때그때 변동된 기준가격이 적용된다.

7) 기업 가치를 평가하는 방법의 하나로, 회사가 미래에 창출할 가치를 잉여현금흐름(Free Cash Flow)을 기준으로 할인하여 현재의 가치로 환산한다.

939만 원이 되므로 투자한 자금에 1만 원의 마이너스가 생깁니다. 이것을 '캐피털 로스Capital loss'라고 하며, 사례에서 보듯이 60만 원이란 분배금을 받아도 총합계에서는 1만 원의 적자를 보는 것과 같은 상황을 말합니다. 1,000만 원을 투자해 손실률이 0.1%라면, 큰 손해는 아니지만 개인투자가 입장에선 소중한 자산을 아깝게 잃어버리고 만 결과가 되고 말았습니다.

부동산투자에는 함정이 있다

부동산투자의 경우는 이야기가 더 복잡해집니다. 2억 원으로 수도권 원룸 건물에 투자한다고 칩시다. 각 방을 월 100만 원에 임대하여 10년 동안 유지하다가 10년 후엔 부동산회사에 판다는 계획을 세웠습니다. 이 경우 임대 수입이 연간 1,200만 원이라고 하면, 10년 후에는 1억 2,000만 원이 됩니다. 그리고 예정대로 10년 후 부동산회사가 1억 원에 이 건물을 매입해주면, 과연 이 투자는 이득일까요? 아니면 손해일까요?

단순하게 계산하면 다음과 같습니다.

(월세 수입 1억 2,000만 원 + 매각액 1억 원) – 최초 투자액 2억 원 = 2,000만 원

결론적으로 '2,000만 원 벌었다!'라고 생각하기 쉽지만, 그것은 큰 실수입니다. 우선 연간 얼마를 벌었는지를 따지려면, 월세 수입에서

유지비, 관리비 등 제반 경비와 세금을 빼야 합니다. 더욱 중요한 것은 그 투자 물건의 '10년 후 가치'를 예상해 계산해볼 필요가 있습니다. 고도성장기에는 '토지는 시간이 흐르면 오르는 자산'이었습니다. 그만큼 10년 후의 가치를 걱정할 필요가 없었습니다. 하지만 버블경제의 거품이 꺼진 뒤 저출산 고령화 사회가 되면서 부동산 가격도 크게 변동하는 시대가 되었습니다. 사례의 경우처럼 10년 뒤 건물값을 예상한 대로 받을 수 있는지 결코 장담할 수 없는 시대가 되었습니다.

게다가 요즘 일본에서 이런 식으로 부동산에 투자하는 경우엔 전문 부동산회사가 중간에 끼어드는 것이 일반적입니다. 이 경우 '서브리스sub-lease 방식', '일괄 차용 방식', '관리 위탁 방식' 등 여러 가지 방식이 있고, 각각 계약 내용도 달라서 이야기가 더욱 까다로워집니다.

예를 들면 서브리스 방식(일본 부동산의 서브리스는 부동산 소유자가 임대 경영 및 관리를 부동산회사에 위탁하는 방식이다 - 옮긴이)에 의한 '월세 보증'을 둘러싸고 문제가 급증하고 있습니다. '계약서에 보증된 임대료가 들어오지 않고 있다'라거나 월세가 지불되고 있는 경우라도 '부동산회사에 터무니없는 수수료를 빼앗기고 있다'와 같은 문제가 발생하고 있습니다. 또 서브리스 방식에서는, 계약 갱신료는 부동산 소유주에게 입금되지

도표12 · 서브리스 방식의 계약 형태

건물주

임대차계약
(일괄 임대)   임대료

서브리스회사

전대차계약   전대료

입주자

않으면서 오래된 건물에서 발생하는 고액의 수리비는 소유주가 부담하는 경우가 대부분입니다.

그 밖에도, '서브리스계약 자체를 해지해주지 않는다'라거나 '매매계약을 하려는데, 서브리스 물건이라 가격을 내리는 경우가 있다'와 같이 생각지도 못한 일이 일어나기도 합니다.

사전에 설명을 듣는 것만으로는 초보 투자자가 복잡한 부동산투자 구조를 이해하기는 어렵습니다. 부동산회사의 영업 담당자가 설명하는 '과거의 (성공한) 투자 사례'나 '장밋빛 운용 시뮬레이션'을 그대로 믿었다가는 크게 손해를 볼 수 있습니다.

이미 앞에서 주식이나 채권에 투자할 때 '가치를 창출하는 인간의 소유주'가 될 수 있을지를 판별하는 것이 중요하다고 강조했습니다. 부동산투자도 마찬가지입니다. 투자한 아파트나 원룸에 정말 기꺼이 입주해줄 사람이 있는지를 가장 먼저 생각해봐야 합니다. 그리고 입주한 사람이 행복하게 살며 새로운 가치를 만들어낼 수 있는 물건인가를 냉철하게 판단할 필요가 있습니다.

눈앞의 숫자만 보아서는 투자의 성공 여부를 금방 알 수 없는 것이 부동산투자입니다. 그것을 명심하고, 지식으로 무장하는 것이 무엇보다도 중요하다는 사실을 잊지 말아야 합니다.

원칙 15 인컴 게인과 캐피털 게인(로스)을 모두 고려해 '최종 수익'을 생각한다.

16 | 초저금리 시대의 마법 지팡이, 대출

부동산은 비싼 매물

이 책에서 권하는 주식, 채권, 부동산이라는 3종의 투자 대상 중 일반 개인투자가 투자할 때 가장 큰 부담을 느끼는 것은 부동산입니다. 가장 가격이 비싸 가장 큰 투자자본이 들어가기 때문입니다.

도표13은 도쿄 23개 구 내 오래된 아파트의 가격 변화를 나타낸 것입니다. 부동산 상담소(https://www.ms-souba.com)의 자료에 따르면(2021년 2월 기준, 약 1년간 참고 시세), 점유 면적 45m² 미만이고, 건축한 지 20년 가까운 아파트라도 3,800만 엔(약 3억 8,000만 원)이 넘습니다. 만일 이 건물이 신축 아파트라면, 가격은 한층 더 비싸집니다. 투자용 원룸 건물 등도 사정은 마찬가지입니다(한국의 경우 한국부동산원 홈페이지 등에서 통계자료를 확인할 수 있다 - 옮긴이).

이처럼 부동산 가격이 비싸서 부동산을 구입하는(부동산에 투자하는) 사람 대부분은 대출을 받습니다. 도표14는 au지분은행(KDDI와 미

도표13 · 도쿄도 23개 구 구아파트 가격 추이

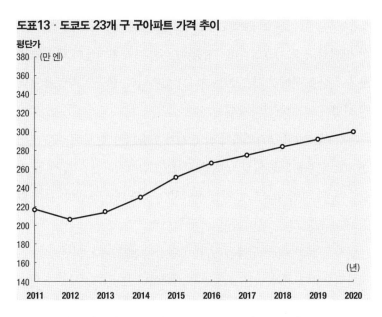

도표14 · 주택 구입 방법
출처 · au지분은행(https://www.jibunbank.co.jp/column/article/00041/)

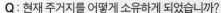

Q : 현재 주거지를 어떻게 소유하게 되었습니까?

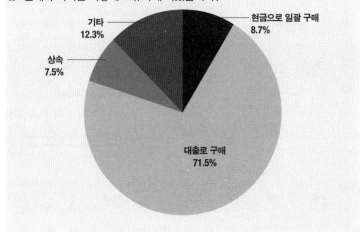

쓰비시UFJ은행이 공동출자해 설립한 인터넷 은행-옮긴이)이 조사한 주택 구입 방법의 분석 자료입니다. 71.5%에 이르는 투자자들이 대출을 받아 부동산을 구매한 것으로 드러나고 있습니다. 현금으로 일괄 구매한 사람은 8.7%에 지나지 않습니다.

그럼 이쯤에서 생각해봐야 할 문제가 있습니다. 만일 우리가 지금 현금으로 부동산을 일괄 구매할 수 있는 입장이라면 어떻게 할 것 같습니까? 과연 현금으로 일괄 구매하는 것과 대출을 받아서, 즉 빚을 내서 사는 것 중 어느 쪽이 '이득'일까요?

일괄 구매과 대출 구매는 모두 장단점이 있습니다. 다만, 지금은 역사적으로 전례가 없는 초저금리 시대이니 그것을 전제로 손익계산을 해봅시다.

도표15 · 일본 민간 금융기관의 주택담보대출 금리 추이

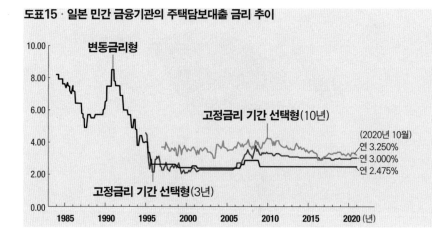

'받는 금리'가 낮으면 '내는 금리'도 낮다.

거품경제 붕괴 후 일본에서는 점점 금리가 떨어졌습니다. 그 결과 예금 및 적금 등으로 '받는 금리'도 내려갔습니다. 하지만 동시에 주택융자를 받았을 때의 이자 등 '내는 금리'도 함께 내려갔습니다.

도표15는 민간 금융기관의 주택담보대출 금리 변화를 그린 그래프입니다. 현재의 금리 수준은 가장 높았던 1990년대 전반과 비교하면 3분의 1 전후로 낮아진 것을 알 수 있습니다. 이것이 바로 부동산 투자의 중요한 포인트입니다.

요즘과 같은 저금리 시대에는 낮은 금리로 돈을 빌릴 수 있습니다. 따라서 자본이 별로 없어도 비싼 쇼핑(부동산 매입)이 가능합니다. 투자의 세계에서는 이것을 '레버리지leverage'라고 합니다. '지렛대의 힘'을 뜻하는 영어로, '차입자본 이용'으로 이해하면 좋습니다. 간단히 말하면, 빚을 내서 자본자금의 몇 배, 몇십 배, 혹은 몇백 배의 투자를 하는 방법입니다.

레버리지는 개인투자가뿐만이 아니라, 기업도 은행 차입이나 회사채 발행 등의 형태로 넓게 활용되는 일반적인 투자 기법입니다. 지렛대를 사용하면 작은 힘으로 무거운 물건을 들어 올릴 수 있듯이, 레버리지효과를 발생시키면 적은 자기자본(투자액)으로 큰 자본을 움직일 수 있게 됩니다. 그런 의미에서 레버리지투자법은 '마법의 투자'라고 볼 수도 있습니다.

레버리지는 지금과 같은 초저금리 시대에 더 큰 효과를 발휘합니다. 많은 대출을 받아도 지불하는 금리가 낮아 금리가 높았던 시절보다 레버리지효과가 커지기 때문입니다.

대출을 이용한 부동산투자에서는 방법에 따라 '원금 제로로 수익을 올리는 것'도 가능합니다. 입주자로부터 받은 월세를 매월 대출변제에 충당하면 자신의 자산을 축내지 않고 큰 투자를 할 수 있습니다. 말하자면 '궁극의 마법 투자'라고도 불리는 큰 레버리지효과가 일어납니다.

어쨌든 '대출을 받아(레버리지효과를 일으켜) 자산을 형성'하는 것이 기본적인 투자 전략 중 하나임은 확실합니다. 게다가 부동산은 원래부터 레버리지효과가 잘 먹히는 투자 상품이므로, 저금리 시대에는 보통 사람들도 '최소의 자금으로 최대의 효과를 낳는' 투자를 충분히 할 수 있다고 봅니다. 물론 투자 전에 확실한 장기 전략을 세우고, 치밀한 시장분석을 하는 것은 필수입니다.

초보에겐 어려운 '부동산투자 득실 계산'

단, 예쁜 장미에는 가시가 있는 법입니다. 언뜻 보기에 좋은 일투성이인 것 같은 레버리지에도 단점과 위험은 있습니다. 가장 심각한 문제는 부동산 자체의 가격 하락입니다. 앞에서도 말했듯이 지금은 시간이 흐르면 부동산 가격이 반드시 오르는 시대가 아닙니다. 따라서 부동산에 투자할 때는 항상 구매했을 때보다 자산 가치가 떨어질 위험이 있다는 사실을 고려해야 합니다. 부동산은 가격이 비싼 만큼,

가격이 하락했을 때의 손실도 큽니다. 바꾸어 말하면, 레버리지효과가 크면 클수록 자산 가격이 떨어질 때의 손실도 커집니다.

이미 언급한 바와 같이 부동산투자에는 여러 가지 주의해야 할 점이 있습니다. 부동산은 원래 단기 운용에 적합하지 않은 투자 대상인 데다가 가치를 유지하기 위해서는 고액의 유지 및 관리 비용이 들어가며, 재산세 등의 각종 세금 부담도 만만치 않습니다.

겉으로 보이는 투자 이율에만 관심을 기울이지 말고, 관련된 모든 사항을 종합적으로 판단해 '손해'인가 '이득'인가를 따져볼 필요가 있습니다. 물론 초보 투자자에게는 어려운 일이지만, 투자에서 가장 중요한 요소는 공부와 실천을 통해 관련 지식을 쌓는 것임을 잊지 말아야 합니다. 그리고 부동산은 장기적인 관점에서 행해야 할 투자 대상이라는 것도 항상 인식하고 있어야 합니다.

원칙 16 레버리지효과가 큰 투자일수록 위험 또한 크다.

17 | '채권이 주식보다 안전하다'가 반드시 옳지는 않다

장기 데이터가 말하는 사실

세간에서 상식적으로 받아들여지는 사실도 알고 보면 틀릴 때가 종종 있습니다. 마찬가지로, 투자의 세계에서도 상식이 거짓말이 될 때가 가끔 있습니다. 아마도 이런 상식 중 가장 대표적인 것이 채권이 주식보다 안전하다는 인식입니다.

과연 이 상식은 어느 정도 진실일까요? 단순히 생각하면, 주식은 원금이 보장되지 않는 데 비해 채권은 발행 주체가 채무불이행하지 않는 이상, 원금은 통째로 돌려받을 수 있습니다. 게다가 채권 발행처는 대기업, 국가, 지방자치단체 등으로 대부분 신용도가 높습니다. 그래서 채권은 주식보다 안전한 투자 대상으로 인식되고 있습니다.

하지만 기업은 물론이고, 나라나 지자체라고 해서 디폴트(채무불이행)를 일으키지 말라는 보장은 없습니다. 그렇게 되면 채권도 하루아침에 휴지 조각이나 다름없게 되어버립니다. 실제로 그리스 같은 나라는 디폴트를 선언한 적이 있으며, 지방자치단체가 종종 디폴트 선언을 하기도 합니다.

관련해서 11장 66쪽에 실었던 도표8을 다시 한번 살펴볼까 합니다. 이 도표는 미국에서 1802년 1월~2019년 11월 사이의 약 218년 동안 주된 금융 상품[주식, 채권, T-Bill Treasury Discount Bill(미국 정부가 발행하는 만기 1년 이하의 초단기 국채. 국고단기채권)], 금, 현금의 리턴(순이익)을 나타낸 것으로, 펜실베이니아대학 와튼 스쿨에서 금융론을 가르치는 제러미 시겔 교수가 제공한 것입니다.

초장기적인 관점에서 볼 때 사실 가장 수익이 큰 것은 주식입니다.

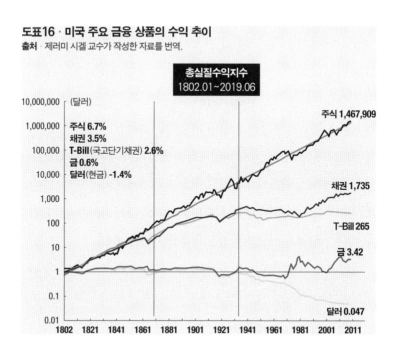

도표16 · 미국 주요 금융 상품의 수익 추이
출처 · 제러미 시겔 교수가 작성한 자료를 번역.

투자 세계에서는 '리스크=변동 폭'입니다. 바꾸어 말하면, 장기·초장기로 보았을 경우 변동 폭이 제일 작고 안전한 투자 대상은 주식이라고 할 수 있습니다.

따라서 '채권이 주식보다 안전하다'는 일반적인 상식은 당장 눈앞의 흔들림이 작은 데서 오는 착각일 뿐입니다. 장기적으로 보았을 때 실적의 우열이나 안전성에서 반드시 채권이 주식보다 낫다고는 볼 수 없습니다.

인구가 계속 증가하는 한 기업은 성장하고 주가는 오른다

주식투자가 가장 실적이 좋은 데는 이유가 있습니다. 주식이 기업의 성장을 위해 사용되기 때문입니다. 기업은 주식을 발행해 얻은 자금으로 사업을 해 이윤을 올리고 성장합니다. 경영에 실패하지 않으면 인구가 늘어나는 한 기업은 성장을 계속할 수 있습니다. 그러니까 장기적으로 보면 주가는 오를 수밖에 없습니다.

일본이나 한국처럼 저출산 고령화가 진행되어 국내시장이 축소된다고 하더라도, 남아시아나 아프리카 등 세계에는 아직도 인구가 계속 증가하는 나라들이 많습니다. 따라서 기업들이 사업을 전 세계적으로 확장해 계속 성장하는 것도 충분히 가능합니다.

다만 주의할 점은 있습니다. 이것은 어디까지나 장기적인 이야기입니다. 단기적으로 보면 가장 변동 폭이 큰 것은 역시 주식입니다. 따라서 주식을 단기 매매하여 수익을 얻으려면, 거기에 상응하는 리스크를 수반해야 하는 것은 말할 필요도 없습니다. 그리고 '주식의 이상적인 보유 기간은 영원이다'라는 버핏의 말을 다시 한번 기억할 필요도 있습니다.

또 하나. 채권에는 채권만의 장점도 있다는 것은 알아두어야 합니다. 발행 주체가 디폴트 상태가 되지 않는 한 채권은 정해진 기간에 상환되기 때문에 대부분 원금은 안전하게 돌려받을 수 있습니다.

원칙 17
상식이라고 알려진 정보도 그대로 믿지 말고, 내용을 자세히 살펴보자!

18 | '분산투자가 좋다'는 말에 사로잡히지 마라

한 바구니에 달걀을 담지 마라

'한 바구니에 달걀을 담지 말라'는 투자 격언이 있습니다. 같은 바구니에 너무 많은 달걀을 넣어 다니면, 넘어졌을 경우 대부분의 달걀이 깨질 위험이 있기 때문입니다. 따라서 달걀을 한 바구니에 담지 말라는 말은 '여러 바구니에 나누어 담읍시다'라는 뜻입니다.

그럼, 이 투자 격언을 주식투자에 대입해 한 번 더 생각해봅시다. 우리가 현재 보유한 투자자금 1,000만 원을 한 종목에 전액 투자한다고 상상해봅시다. 예를 들어, 자동차를 좋아하고 자동차에 대해 잘 알기 때문에 자동차 제조기업인 A사의 주식을 샀다고 합시다.

A사는 지금까지 순조롭게 성장해온 기업으로 주식투자자들 사이의 인기 종목입니다. 이번 분기 실적도 좋아 배당도 많이 늘어날 것으로 보입니다. 어느 모로 보나 A사의 주식에 투자한 것은 아주 좋은 선택인 것 같습니다.

그런데 이런 투자가 이루어진 지 얼마 되지 않아 A사의 한 차종이 대형 사고를 냈습니다. 원인을 분석했더니 브레이크에서 중대한 결함이 발견돼, 당국으로부터 대규모 리콜 명령이 떨어지는 사태로 발전했습니다. 이 자동차는 A사의 대표 차종으로, 심혈을 기울여 전반적인 업그레이드를 한 모델이 발표된 직후라 신문이나 TV 같은 언론에서도 리콜 사태를 크게 기사로 다루었습니다. 결국 주식시장에도 대혼란이 일어나 A사의 주가는 연일 바닥을 찍더니 며칠 사이에 30%나 하락하고 말았습니다. 당연히 이 종목에만 투자한 우리의 자산은 크게 줄고 말았습니다.

그럼, 같은 자동차기업의 주식을 산다고 해도, 다섯 종목(자동차기업 5개 사)에 200만 원씩 나누어 투자하면 어떨까요? 이 경우 비록 A사의 주가가 크게 하락해도 자산의 감소는 한정적입니다. 오히려 A사의 라이벌인 B사나 C사의 주가가 올라 전체 투자액에는 거의 손실이 생기지 않을지도 모릅니다. 때에 따라서는 전체적으로 플러스가 될 가능성도 있습니다(사고가 없고 자동차 전체의 판매가 호조라면, 당연히 수익이 오르는 결과를 기대할 수 있습니다).

이것이 '분산투자'의 기본적인 구조입니다. 그러나 분산투자 자체만으로 리스크에 완벽히 대처했다고는 볼 수 없습니다. 분산투자에도 큰 문제가 있기 때문입니다. 방금 예로 든 경우부터 살펴보자면, 투자한 5개 종목이 모두 자동차 제조기업으로, 같은 업종에 속해 있습니다. 이런 경우, 결함이 있는 차가 발생하는 것 같은 특정 제조사의 문제는 다른 기업의 좋은 실적으로 덮을 수 있습니다. 하지만, 외환 사정이 급격하게 달라져 원화의 평가절상 현상이 일어나거나 무역마찰이 격화되어 수출규제가 생기거나 관세 인상이 논의되면, 그 영향은 자동차 업계 전체를 흔들어놓습니다. 최악의 경우 투자한 5개 종목 모두 주가가 크게 하락하고 맙니다.

이처럼 분산투자를 하는 경우엔 업종의 분산에도 신경 써야 합니다. 이런 방식은 주식투자의 종목 선택뿐만 아니라, 다른 금융 상품을 선택할 때도 마찬가지입니다. 하나의 업종, 하나의 나라, 하나의 통화, 하나의 자원 등등 한 곳에만 쏠리는 투자에는 늘 위험이 따른다는 사실을 명심해야 합니다.

변동 폭을 줄이는 것의 장단점

또 하나 중요한 주의점이 있습니다. 지나친 분산도 위험하다는 사실입니다. 가끔 분산투자는 안전하다고 생각한 나머지, 자금을 마구잡이로 다양한 상품과 종목에 분산하는 경우를 봅니다. 하지만 자산을 지나치게 분산투자하면 하나하나의 종목을 관리하지 못하고 방치하게 될 수도 있습니다. 또, 가격이 오르거나 내린 투자 종목들끼리 서로 변동 폭(=리스크)을 상쇄해 평탄하게 되는 것은 좋지만, 바로 그런 이유로 전체 자산이 좀처럼 증가하지 않을 수도 있습니다. 자라 보고 놀란 가슴 솥뚜껑 보고 놀란 격으로, 약간의 손해도 보지 않으려고 자산을 어지럽게 흩어놓으면 도대체 무엇 때문에 투자를 하는지

모를 정도로 전혀 수익이 전혀 오르지 않는 안타까운 상황이 될 수도 있습니다.

게다가 거래 수수료가 높은 상품에 많이 분산된 경우는 수익보다 수수료가 더 비싼 어처구니없는 일이 벌어지기도 합니다. 본인은 리스크에 대한 보험을 든다는 생각에서 한 분산투자이지만, 결과적으로 보험료(수수료)가 수익보다 올라가 손해를 본 것입니다. 요컨대, 과도한 분산은 지식 부족 때문에 저지르는 무분별한 행동입니다.

한 사람의 투자가가 관리할 수 있는 상품(종목) 수에는 당연히 한계가 있습니다. 따라서 분산투자를 할 경우엔 '스스로 아는 분야'로 대상을 좁힌 다음, '스스로 부담이 되지 않는 개수'로 제한하는 것이 철칙입니다!

제 경험으로 말하자면, 주식투자라면 10~20개, 능숙한 투자가일 경우라도 30개 정도를 넘어서면 어려워집니다. 만일 초보자라면 우선 5개 종목 정도부터 시작하는 것이 무리 없이 투자할 수 있는 적당한 개수라고 생각합니다.

또한 주식투자의 분산 효과는 20개 종목 정도까지가 최고고, 그 이상이 되면 인덱스에 투자하는 것과 별반 다를 것 없음이 조사 결과에서 드러났습니다. 만일 투자 종목 중 정말 수익률이 높은 종목이 보이면, 일정 기간 그 종목에 집중적으로 투자하는 것도 좋은 방법입니다.

마지막으로 분산투자와 관련해선 버핏도 "분산은 무지한 사람이 하는 짓이다"라는 말을 했다는 사실도 잊지 말기를 바랍니다.

19 | 자산 운용에서 잊기 쉬운 '나'에 대한 투자

자기 자신이야말로 가장 소중한 자산

사람은 일생 얼마나 많은 돈을 벌 수 있을까요? 보통 평생 버는 돈을 평생 연봉, 혹은 생애 임금이라고 합니다. 다음 페이지의 도표17을 보면 자신의 평생 연봉을 예측할 단서를 얻을 수 있습니다. 이 도표에 따르면, 일본의 대학이나 대학원을 졸업한 남성이 풀타임 정규직으로 60세 정년까지 계속 일할 경우 퇴직금을 제외한 생애 임금은 약 2억 7,000만 엔(약 28억 원)입니다. 한편, 전문대학을 졸업한 경우에는 약 2억 1,500만 엔(약 22억 7,000만 원), 고등학교를 졸업한 경우엔 약 2억 1,100만 엔(약 22억 3,000만 원), 중학교를 졸업한 경우엔 약 2억 엔(약 21억 원)이 됩니다. 여성도 마찬가지로 고학력이 될수록 생애 임금은 늘어납니다.

한편 도표18에 따르면, 퇴직금을 받고 정년퇴직한 후에도 일정 기간 계속 일한다면 61세 이후 생애 임금은 학력과 관계없이 조금씩

도표17 · 일본인의 생애 임금

주1·학교를 졸업한 후, 즉시 취직해 60세로 퇴직할 때까지 풀타임 정사원인 경우(동일 기업에 계속 근무했는지 알 수 없음) 출처·독립행정법인 노동정책 연구 및 연수기구

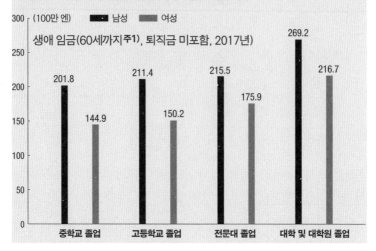

생애 임금(60세까지주1), 퇴직금 미포함, 2017년)

(100만 엔) ■ 남성 ■ 여성

중학교 졸업: 201.8 / 144.9
고등학교 졸업: 211.4 / 150.2
전문대 졸업: 215.5 / 175.9
대학 및 대학원 졸업: 269.2 / 216.7

도표18 · 퇴직금 수령 및 정년퇴직 후에도 일정 기간 계속 일한 경우

주2·학교를 졸업한 후, 즉시 취직해 60세로 퇴직할 때까지 풀타임 정사원인 경우로 퇴직금 수령 후 평균 은퇴 연령까지 풀타임 비정규 사원으로 일하는 경우(동일 기업에 계속 근무했는지는 알 수 없음)
출처·독립행정법인 노동정책 연구 및 연수기구

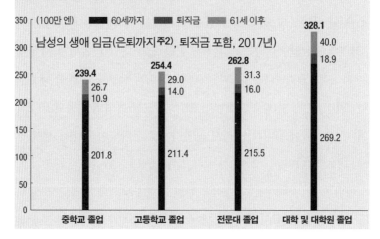

남성의 생애 임금(은퇴까지주2), 퇴직금 포함, 2017년)

(100만 엔) ■ 60세까지 ■ 퇴직금 ■ 61세 이후

중학교 졸업: 239.4 (26.7 / 10.9 / 201.8)
고등학교 졸업: 254.4 (29.0 / 14.0 / 211.4)
전문대 졸업: 262.8 (31.3 / 16.0 / 215.5)
대학 및 대학원 졸업: 328.1 (40.0 / 18.9 / 269.2)

110

증가합니다(남성의 경우만 조사했습니다).

　이상의 자료를 살펴보면, 사람은 평균 은퇴 연령까지 꾸준히 일할 경우 상당한 노동력, 즉 돈을 버는 힘이 있음을 알 수 있습니다. 이 책을 쓰고 있는 저나 독자 여러분도 제각각 자신이 속한 일터에서 매일 이렇게 돈을 벌고 있습니다. 다시 말해 우리에게 가장 많은 돈을 안겨주는 자산은 바로 '나 자신'이라고 할 수 있습니다.

　그런데 투자나 자산 운용을 생각할 때 많은 사람이 이 중요한 사실을 간과합니다. 까맣게 잊기도 하고, 투자 자산과 나 자신은 '완전히 별개'라고 생각하기도 합니다. 하지만 투자 포트폴리오 안에 '최대의 자산인 스스로에 대한 투자'를 확실히 넣어두는 것은 매우 중요합니다.

　지금까지 투자에서 가장 중요한 것은 '나에게 맞는 상품을 선택해, 장기적 관점에서 운용하는 것'이라고 반복해서 강조해왔습니다. 그런 의미에서 투자할 때 가장 먼저 생각해야 할 것은 자신이 가장 잘 아는 자산인 '나'에게 어떤 투자를 할 것인가입니다.

나에 대한 투자는 결코 나를 배신하지 않는다!

예를 들어, 월 300만 원의 실수령 수입이 있다고 합시다. 보통 투자 컨설턴트들은 '수입의 2할을 투자로 돌립시다'라고 주장합니다. 이때 20%는 꼭 근거 있는 숫자는 아니지만, '투자할 수 있는 범위의 기준'으로 많은 사람이 채택하는 숫자입니다. 그래서 이 기준을 따라

계산해보면, '300만 원×20%=60만 원'이 됩니다. 즉, 매월 60만 원을 투자하는 것으로 가정해볼 수 있습니다. 문제는 이 액수를 '무엇에 얼마나 투자할 것인가'입니다.

당신이라면 어떻게 하겠습니까? 주식으로 하겠습니까? 투자신탁으로 하겠습니까? 아니면 채권으로 하겠습니까? 무엇을 선택하든 본인의 자유입니다만, 사실 이보다 앞서야 하는 것이 '자기 자신에 대한 투자'입니다. 예를 들어, 자격증을 취득하기 위해 온라인 교육을 신청할 수도 있고, 퇴근 후 야간대학에 다닐 수도 있습니다. 또, 대학원에 다니거나 MBA(경영학 석사)를 목표로 준비를 할 수도 있습니다. 그 외에 지금 하는 일을 더 잘 해내기 위해 능력을 키우는 공부를 할 수도 있고, 가까운 장래에 전직하기 위한 준비를 할 수도 있습니다. 아니면 일과 관련 없는 취미를 즐기기 위해 전문서를 읽거나 예술을 배우거나 동호인들과 투어에 참가할 수도 있습니다. 이런 활동들도 '풍요로운 삶을 살도록 해준다'는 의미에서 소중한 자기투자라고 생각합니다.

우리 자신에 대한 투자 성과는 계속 노력하는 한 언젠가 반드시 나타납니다. 예를 들면 고졸자가 퇴근 후 야간대학을 다니고 졸업하면, 다음번 전직 때에는 대졸자로서 좀 더 높은 임금을 받을 수 있습니다. 그리고 이런 활동은 생애 임금을 크게 올리는 결과로 이어집니다. 학력 격차에 따라 임금에 차이가 난다는 것은 도표17에서 살펴본 생애 임금 그래프가 잘 보여주고 있습니다.

　　자기투자야말로 가장 잘 아는 투자 대상을 공략하는 가장 성공 가능성이 큰 투자입니다. 따라서 조금씩이라도 좋으니까 자금 일부를 떼어 나 자신에게 투자하는 것은, 자산을 늘려가는 가장 확실하고 안전한 방법이라고 할 수 있습니다. 물론 다른 투자와 마찬가지로 자신에 대한 투자가 성공하려면 충실하고 꾸준한 노력이 반드시 수반되어야 합니다. 마지막으로 버핏이 한 매우 인상적인 말을 덧붙여 볼까 합니다.

　　"내 안에 있는 자산은 불어나도 세금을 내지 않고, 인플레이션의 위험도 없으며, 평생 오로지 나 자신만의 것이다."

원칙 19　　가장 많은 돈을 벌어다 주는 투자처는 바로 '나 자신'이다.

20 | 투자 대상을 정할 때는 '스트라이크존 이론'을 생각하라

안타가 되기 쉬운 공을 쳐야 한다

프로야구에서는 대전하는 투수의 공을 잘 연구해 공이 날아가는 코스를 파악하는 것이 타자가 할 일입니다. 일류 타자는 볼이 될 공에는 손을 대지 않고, 스트라이크존에 확실히 들어온 공을 치기 때문에 안타를 칠 확률이 높습니다. 저는 이것이 타격 이론 중 가장 기본이라고 생각합니다. 야구 교과서에선 무엇이라 부르는지는 모르겠지만, 이 책에서는 '스트라이크존 이론'이라고 불러보겠습니다.

스트라이크존 이론은 투자 세계에도 그대로 적용됩니다. 투자에서도 '볼이 될 공에는 손을 대지 않고 스트라이크존에 들어온 공만 확실하게 치는 것'은 범타(손실)를 줄이고, 안타(수익)를 늘리기 위한 가장 좋은 방법입니다. 그렇다면 자산 형성에서 '스트라이크존에 들어온 공'이란 무엇일까요? 기본적으로 '자산을 성장시킬 수 있는 투자처'라고 볼 수 있을 것입니다. 즉, 주식, 채권, 부동산이라는 세 가지 투자처 이외에는 방망이를 휘두를 필요가 없다는 이야기입니다. 다시 말해 그 외의 투자처는 쳐서는 안 되는 공이라고 생각해야 합니다.

암호화폐를 '스트라이크존에 들어온 공'이라고 볼 수 있을까요? 한때 크게 떨어진 비트코인이 다시 급등한 것이 화제가 되기는 했지만, 이런 자산은 언제 다시 폭락할지 모릅니다. 사실 이런 암호 자산이 앞으로도 지금처럼 계속 성장할지, 무엇을 어떻게 바라보면 좋을지 저로서는 잘 모르겠습니다. 왜냐하면 이것은 '인간의 소유주'가 되어 새로운 가치를 낳는 투자라고는 도저히 생각할 수 없기 때문입니다.

제가 이 업계에 처음 몸담았던 사반세기 전에는 아직 암호 자산도 FX도 없었습니다. 이런 비교적 새로운 금융 상품은 아직 발전 중이었고, 투자 체계나 규칙도 충분히 확립되어 있지 않습니다. 폰지 사기나 다름없는 코인 사기가 세계 곳곳에서 벌어지고 있는 것만 보아도 암호 자산은 투자 대상으로서의 본질을 갖추었다고 보기 어렵습니다.

물론 암호 자산이나 FX의 거래에서 수익을 올리는 사람도 있습니다. 아마 이 책을 읽고 있는 독자 여러분 주변에도 "난 이렇게 큰돈을 벌었다!"고 자랑하는 사람이 있을지도 모릅니다(하지만 그것은 일과성에 그친다고 봅니다). 하지만 독자 여러분들은 그런 자랑을 듣는다 해도 절대로 휘둘리지 않기를 바랍니다. 만일 마음이 술렁거린다면, 심호흡을 크게 하고 스트라이크존 이론을 떠올려보십시오. 이런 투기성이 강한 상품에 투자할 때에는 그 상품이 과연 스트라이크존에 들어온 공인지 볼이 될 공인지를 판별하기 어렵습니다.

몇 번이고 말씀드립니다. 투자와 투기는 다릅니다. 투자 대상의 본질을 잘 파악하면 볼이 될 공에 손을 대거나 헛스윙을 하지는 않습니다. 날아오는 공이 어떤 종류인지를 제대로 파악해두면, 자연스럽게 그 공을 쳐야 할지 말아야 할지를 알 수 있기 때문입니다.

앞으로도 '새로운 시대의 투자 상품'이라고 부르짖는 금융 상품들이 차례차례 계속 나올 것입니다. 하지만 화려한 선전 문구나 한때의 일시적 성공 이야기에 휘둘려서는 안 됩니다. 투자 전에는 반드시 투자 대상의 본질부터 간파해야 합니다.

주가는 '기업 가치×투자 심리'에 따라 오르내린다

본질 파악의 중요성은 주식이나 채권에 투자할 때도 마찬가지입니다. 저는 예전에 프로야구단 요코하마 DeNA 베이스타스의 감독을 맡았던 나카하타 기요시가 진행하는 텔레비전 프로그램에 출연해, 투자의 기초를 설명한 적이 있습니다. 당시 세 가지 포인트를 강조했는데, 첫 번째가 '규칙을 안다', 두 번째가 '상대를 연구한다', 세 번째가 '위기는 기회'라는 것입니다.

이번 장은 이 중에서 첫 번째인 '규칙을 안다'에 대한 이야기입니다. TV 프로그램에서는 알기 쉽게 '규칙'이라고 표현했지만, 정확히 말하면 '본질'입니다. 투자 대상의 본질을 아는 것이야말로 투자에서 가장 중요하다고 볼 수 있습니다.

주식투자에서 투자 대상의 본질을 알면, 매일의 주가 변동에 필요 이상으로 신경 쓰며 일희일비할 이유가 없습니다. 주식의 본질은 '기업 가치'이기 때문입니다. 그런데 실제 주가는 기업 가치만으로 결정되는 것이 아니라, 기업 가치에 투자 심리(시장 심리)가 곱해져 날마다 변합니다. 다시 말해, 주가는 여러 가지 이유나 요인 때문에 오르기도 하고 내리기도 하지만, 때로는 기업 가치와는 아무런 관계도 없는 사건이나 억측으로 투자 심리가 흔들려 변동이 생기기도 합니다. 그럴 때는 당황하거나 소문에 흔들리지 말고, 우선은 차분히 본질을 판별하도록 노력해야 합니다.

원칙 20 타율(성공 확률)을 높이려면 볼이 될 공에는 손을 대지 말 것!

21 | 투자 공부법은 '대량 인풋'뿐!

투자는 수능시험이나 자격시험과 마찬가지다

"투자 공부는 어떻게 해야 하나요?"

종종 이런 질문을 받습니다. 그럴 때마다 늘 "고3 때 어떤 식으로 공부했나요?"라고 되묻습니다. 아마도 지망 학교라는 명확한 목표를 정하고, 수능시험에 높은 점수를 받기 위해 필사적으로 많은 참고서를 읽고, 많은 기출문제를 풀었을 것입니다. 그리고 답을 모르거나 틀렸을 때는 다시 참고서를 읽고 공부하기를 반복했을 것입니다. 이런 공부법은 자격증시험 등에서도 마찬가지입니다.

투자 공부도 똑같습니다. 열심히 공부하는 자만이 수익을 올리며 살아남습니다! 노력도 하지 않고, 지식이 없는 사람은 시험을 치른다 해도 합격할 리가 없습니다. 경쟁률이 치열해 입학하기 어려운 학교에 당당히 합격하는 사람은 예외 없이 그동안 꾸준히 열심히 공부해온 사람들입니다.

스포츠와 예술의 세계에서도 피를 토하는 맹연습을 계속한 사람만이 큰 대회나 콩쿠르에서 우승할 수 있습니다. 만반의 준비를 하고 실전에 임하기 때문에 좋은 결과를 낼 수 있는 것입니다. 수험 공부의 목표가 원하는 학교에 합격하는 것이라면, 투자 공부의 목표는 말할 것도 없이 '자산을 불리는 것'입니다. 그렇다면 이런 목표를 달성하기 위해 무엇을 어떻게 맹렬히 공부하는 것이 좋을까요?

가장 좋은 투자 공부는 오로지 관련 지식이나 정보를 '인풋'하는 것입니다. 즉, 신문, 뉴스 사이트, SNS 등을 통해 정보를 얻고, 관련 서적을 많이 읽고, 전문가의 이야기를 많이 들으며 지식과 정보를 늘려야 합니다. 아무튼 인풋, 인풋, 인풋뿐입니다! 투자 공부에선 이런 '대량 인풋'을 이길 방법이 없습니다.

매일 아침 뉴스를 체크하고, IR 정보 읽기

저의 인풋 방법을 소개해보겠습니다. 매일 아침 일어나자마자 스마트폰으로 경제 신문(전자판)의 주요 기사를 체크합니다. 국내외 시장의 최신 동향, 경제 비즈니스 뉴스는 물론이고 정치, 사회, 과학, 연예, 스포츠까지 두루 살펴봅니다. 벌써 몇십 년째 실천하고 있는 루틴입니다. 아무리 몸 상태가 안 좋아도, 숙취로 머리가 지끈지끈 아파도, 그날 할 일의 준비로 바빠도, 이 루틴을 빼먹지는 않습니다. 물론 이런 습관이 생활 속에 뿌리내리게 하려면, 처음에는 아주 힘듭니다. 하지만 제 경험에 비추어볼 때, 몇 번의 고비를 넘기며 포기하지 않고 계속해나가다 보면 저절로 버릇이 듭니다.

그다음으로 제가 항상 하는 인풋은 IR_{Investor Relations}[8] 정보 체크입니다. 투자할 예정이거나 하는 중인 기업은 물론이고, 가능한 한 많은 유력기업과 주목받는 기업들의 홈페이지에 들어가 최신 IR 정보를 집중해서 읽은 뒤 나름대로 분석합니다. 이것도 기본적인 대량 인풋 방법의 하나입니다.

제가 운영하는 글로벌 파이낸셜 스쿨 학생 중에는 처음에 전문용어를 잘 몰라 PER_{Price Earnings Ratio}(주가수익률)[9], B/S_{Balance sheet}(우리나라에서는 재무상태표_{Statement of financial position}로 용어 변경했다-옮긴이), P/L_{Profit and loss statement}(손익계산서), DX_{Digital Transformation} 같은 까다로운 알파벳 단어를 듣는 것만으로 거부반응을 일으켜 의욕을 잃는 분도 있습니다.

하지만 바로 그럴 때일수록 분발해야 합니다! 왜냐하면 그런 어려운 순간을 견디며 올바른 지식과 정보를 습득하지 않으면, 아무리 연습해도 실력을 향상하기 어렵습니다. 연습을 부지런히 하는 데도 좋은 결과를 내지 못하는 사람은 연습 방법이 틀렸기 때문입니다. 규칙이나 기본을 제대로 몸에 익혀 연구를 거듭하고, 실천하면 어느 분야에서도 성공할 수밖에 없습니다. 이것 말고는 '승리 방정식'은

---

8) 기업이 주주나 투자자 등에 대하여 투자 판단에 필요한 정보를 제공하는 활동을 말한다. 상장회사에 요구되는 전형적인 IR로서, 〈자본시장과 금융투자업에 관한 법률〉에 따른 법정 공시 및 각 금융상품 거래소에서의 적시 공시가 있다.

9) 주가가 싼지 아닌지를 판단하기 위한 지표. 기업의 현재 주가와 주당 벌어들이는 수익 간의 비율을 나타낸 것으로 주식가격을 주당순이익으로 나눈 값이다. 보통 PER가 높으면 기업이 벌어들이는 이익에 비해 주가가 비싼 것이고, 낮으면 싼 것으로 본다.

없다고 보아도 좋습니다.

이렇게 말하면 독자 여러분 중에는 "지식이나 정보를 입력해도 그것이 맞는지 안 맞는지를 어떻게 판단하느냐?"고 반박하는 분도 있을 것입니다. 확실히 전문투자가들도 서로 정반대의 의견을 내놓거나 신문·잡지에 난 기업의 실적 발표를 다르게 평가하기도 합니다. 또한 서점에 진열된 투자 서적이나 비즈니스 서적에 실린 의견들도 각기 다릅니다. 초보 투자자들은 도대체 어느 장단에 맞춰야 할지 헷갈릴 수도 있습니다.

그러나 지식과 정보량을 늘리고 경험을 거듭하다 보면, 어느 것이 올바른 생각이고, 누구의 의견이 자신의 투자 전략에 맞는지 점점 보입니다. 중요한 것은 이런 지식을 '자신만의 지식'으로 만들어가는 것입니다. 그리고 그것을 다른 누구의 것도 아닌, 자신에게만 맞는, 자신만의 오리지널 투자 기법으로 만들어가야 합니다.

물론, 이 일은 절대 간단하지 않습니다. 이를 위해서는 인풋한 지식들을 투자 현장에서 실천하며 아웃풋하는 과정이 필요합니다. 아웃풋을 통해 여러 번 실패를 겪으면서 많은 것을 배우다 보면, 자신만의 투자 기법을 완성할 수 있습니다. 그리고 이런 과정을 지속하는 것이야말로, 거의 유일하고 올바른 투자 공부법이라 할 수 있습니다. 급할수록 돌아가야 합니다. 공부하며 실천하지 않고 쉽게 성공하는 지름길은 없는 법입니다.

바쁠수록 돌아가야 하는 법.
먼저 지식과 정보를 쌓는 습관을 기르자!

22

투자는 요리,
응용은 최소한의 기초가
갖추어진 후에!

요리를 잘하는 법과 투자를 잘하는 법은 같다

'투자 공부법'에 대해 좀 더 이야기해볼까 합니다.

만일 요리를 잘하고 싶다면 어떤 공부를 해야 할까요? ①요리책 사서 공부하기, ②요리학원 다니기, ③레시피 모음 앱을 다운받아 따라 해보기, ④유튜브 등 동영상을 시청하고 따라 하기 등이 아닐까요? 어떤 방법이든 공통점은 결국 자신이 직접 만들고 먹어봐야 한다는 사실입니다. 즉, '지식, 정보를 인풋하고 요리를 만들며 아웃풋하는' 과정을 거쳐야 합니다. 마치 투자 정보를 인풋하고, 실제로 투자하며 그것을 실천해보는 과정과 비슷합니다.

다시 요리 이야기로 돌아가 보겠습니다. 맛있는 음식을 만들려고 할 때 중요한 것은 어떤 레시피(만드는 방법)를 선택하느냐입니다. 예를 들어, 오므라이스를 만들려고 앱을 검색하면 수많은 레시피를 찾을 수 있습니다. 과연 이 중에서 어떤 레시피를 선택해야 할까요?

많은 사람이 '아마 첫 번째 나오는 레시피가 제일 낫겠지'라고 생각하며 따라 합니다. 그런데 과연 이런 선택이 올바른 것일까요? 좀 더 검색하고 비교해보면 더욱 맛있는 오므라이스 레시피가 나올 수도 있고, 내 입맛에 딱 맞으면서도 만들기 쉬운 레시피를 찾을 수도 있습니다. 하지만 정말 맛있고 내가 좋아할 오므라이스를 만들고 싶다면, 레시피를 꼼꼼히 조사한 뒤 적어도 몇 종류는 실제로 만들어 봐야 합니다.

정보를 얻는 방법의 포인트는 바로 여기입니다. 실제로 만들어보면 정보를 수집하는 여러 루트 중에서도 나에게 가장 잘 맞고 가장 좋은 결과가 나오는 곳을 찾을 수 있습니다. 요컨대 '요리를 잘하는 프로한테 배우고 싶다'는 마음에서 여러 레시피를 따라 하다 보면 전문 요리사나 연구가만이 뛰어난 것은 아니란 사실을 알게 됩니다.

오히려 취미로 꾸준히 요리 솜씨를 연마한 사람이나 가족들을 위해 몇십 년 동안 요리를 해온 주부의 레시피가 더 맛있으면서도 따라 하기 쉬워 실질적인 도움을 줄 수도 있습니다. 이처럼 아마추어 요리사 중에 실력이 장인 수준에 오른 사람도 많습니다. 온라인에 검색해보면 그런 무명 전문가가 걸작 요리를 만들어내는 레시피가 무수히 올라와 있는 것을 볼 수 있습니다.

<u>전문투자가만이 '프로'가 아니다!</u>
다시 투자 세계로 이야기를 되돌리겠습니다. 투자에 대한 지식과 정

보도 역시 '프로에게 배우는 것'이 제일입니다. 하지만 전문 요리사만이 맛있는 요리를 하는 것은 아니듯, 대형 펀드를 운용하는 펀드매니저나 FX트레이더만이 전문투자가는 아닙니다. 앞서 말했듯이 계속 큰 수익을 올리는 펀드매니저는 없으며, 금융기관의 영업 담당자가 반드시 풍부한 지식을 갖춘 것도 아닙니다.

오히려 매일 슈퍼마켓 진열대를 관찰해 꾸준히 수익을 올린 노부인처럼 소액투자라도 오랜 시간 투자하며 그 과정에서 독자적인 투자 철학 및 방법을 만들어 소위 슈퍼개미가 되는 경우도 많습니다. 지금과 같은 시대에는 그런 슈퍼개미 투자가의 투자법도 유튜브 동영상, 블로그, 미디어의 기사 등을 통해 비교적 쉽게 접할 수 있습니다. 이처럼 가까운 곳에서 좋은 정보를 제공하는 사람들이 많이 있으니 수고를 아끼지 말고 '대량 인풋'을 실행했으면 합니다.

인풋에 이은 아웃풋에서도 투자와 요리는 비슷한 점이 많습니다. 요리에 익숙해지면, 원래 레시피에 자신만의 방법을 더해 '나만의 오리지널 레시피'를 만들기도 합니다. 요리를 잘하는 사람 중에는 여기서 더 나아가 자신만의 레시피를 정리해 유튜브에 채널을 개설하거나 블로그를 운영하기도 합니다. 예를 들어 '여기서 와인을 더하면 맛에 깊이가 더해집니다', 혹은 '마무리에 이것을 토핑하면 색감이 화려해집니다'와 같이 나만의 오리지널 요리법을 만들어 소개하기도 합니다. 투자에서도 마찬가지입니다. 투자 지식을 열심히 쌓은 뒤 투자 현장에서 직접 실천하다 보면, '나만의 오리지널 투자 기법'이 생기기 마련입니다.

　코로나 사태로 인해 세계경제는 큰 타격을 입고 있습니다. 앞으로 몇 년간은 변화의 시대가 계속될 것 같습니다. 항공업계처럼 세계적인 대기업이 깊은 상처를 입기도 하지만, 코로나 사태를 역이용해 성장하는 기업도 많이 있습니다. 외래환자의 비대면 진찰을 위해 병원 전용 온라인 시스템을 제공하는 기업, 급성장 중인 의료·보건 계통의 벤처기업, 폐점한 음식점의 빈 점포를 이용해 도심에 자리 잡는 외식 체인기업 등 산업계에는 코로나 사태 이후 '새로운 일상'을 노려 성장하려는 움직임이 가속화되고 있습니다. 그리고 이런 움직임과 더불어 투자 세계에도 '위기는 기회'라는 격언이 그대로 적용되고 있습니다. 열심히 공부하여 높은 수익을 올릴 성장기업을 찾아낼 수 있는 시대가 되었기 때문입니다. 요즈음과 같은 격동의 시대야말로 살아 있는 투자를 배우고 실천할 다시없는 기회라고 생각한다면, 투자 공부는 더욱 재미있어질 것입니다.

원칙 22 · 장인의 방법을 공부하고 따라 하면 자신만의 오리지널 기법을 만들 수 있다.

23 | 투자의 동기부여는 '필요성'에서 나온다
(시뮬레이션 활용법)

동기부여가 되는 목표

사람이 무언가를 열심히 하는 것은 목표가 있기 때문입니다. 동아리 활동이라면, '대회에 나가고 싶다', 수험 공부라면 '원하는 학교에 합격하고 싶다', 일이라면 '영업 실적 1등을 달성하고 싶다' 혹은 '독립해서 이상적인 회사를 창업하고 싶다' 등과 같이 구체적인 목표가 있을 때 노력하게 됩니다. 무슨 일이든 '모티베이션(동기를 부여하는 목표)'이야말로 사람을 움직이는 원동력입니다.

이론적으로 모티베이션은 '동기부여의 강도나 크기'를 의미하고, '기대×유의성(誘意性)'이라는 공식으로 나타내기도 합니다. 이 공식에서 기대는 '노력한 만큼 얻을 수 있는 결과에 대한 열의'를 나타내고, 유의성은 '노력한 결과로 받는 보상에 대한 주관적 선호도'를 나타냅니다. 알기 쉽게 말하면, '이만큼 노력했으니 이 정도의 보상은 받고 싶다'는 생각이 강한 정도를 모티베이션이라고 볼 수 있습니다.

투자에서도 모티베이션은 매우 중요합니다. 막연히 '돈을 불리고 싶다'는 것만으로는 진심으로 공부하겠다는 의욕도 생기지 않고, 억지로 한다 해도 점차 흥미가 사라질 수 있습니다. 따라서 투자를 시작할 때는 무엇을 위해(목적), 언제까지(기간), 어느 정도의 자산(금액)을 만들고 싶은지 제대로 된 계획을 세우는 것이 중요합니다.

라이프 스타일이나 라이프 플랜에 따라 투자 동기는 사람마다 다릅니다. 독신이라면 대형 오토바이를 사고 싶다거나 결혼자금을 모으고 싶다는 목표를 세울 수 있습니다. 가정을 가진 사람이라면 내 집을 갖고 싶다거나, 자녀의 학비를 마련하고 싶다거나, 노후 생활자금을 확보하고 싶다고 생각할 것입니다. 최근에는 생명보험회사나 자산 운용 컨설팅회사가 TV에 '인생 100세 시대 준비'라는 광고를 활발히 내보내며 동기부여를 하고 있습니다.

구체적인 투자 플랜을 설계하려면 명확한 목표가 있어야만 합니다. 10년 후에 10억 원을 만들려는 사람과 50억 원을 만들려는 사람은 투자 방법도 달라집니다. 그리고 그것은 모티베이션으로도 연결됩니다. 요컨대 필요성이 있어야 투자를 하는 것이고, 동기부여가 이루어집니다. 그런데 투자의 동기부여를 계속 유지하는 것도 쉬운 일은 아닙니다. 무작정 높은 목표를 정하면 무리하게 되고 그러다 결국 그림의 떡에 머물고 맙니다.

시뮬레이션은 투자 플랜의 '이정표'

적절한 모티베이션을 지속해서 유지하기 위해 자산 관리 시뮬레이션의 활용을 추천합니다. 다음 페이지의 도표19는 일본 금융청 홈페이지에 있는 것인데, 인터넷에서 검색하면 이외에도 나라마다 은행, 증권사, 생명보험회사 등이 무료로 제공하는 다양한 시뮬레이션 소프트웨어를 활용할 수 있습니다. 모두 간단하게 입력하는 것만으로 자산 운용 계획이나 예상 수익 등을 알아낼 수 있으므로 매우 편리합니다.

　일본의 예를 들어보면 라이프 플랜을 바탕으로 한 자산 관리 시뮬레이션은 전국은행협회의 '스스로 그리는 미래 예상도 라이프 플랜 시뮬레이션'이나 금융청의 '라이프 플랜 시뮬레이션' 등을 활용하면 됩니다. 질문에 답을 해나가다 보면 자산 관리 계획이 세워지는 방식이라 초보자도 쉽게 이용 가능합니다. 이런 '자산 운용 시뮬레이션'에서는 매월의 적립액, 예상 이율, 목표 금액 등을 입력하면 특정 시간 동안 얼마나 자산을 불릴 수 있는지를 간단히 시뮬레이션해볼 수 있습니다. 저도 세미나 등에서 이 자료를 자주 사용하고 있습니다. 마찬가지로 라이프 플랜 시뮬레이션에서는 가족 수입, 퇴직금의 유무 등과 같은 간단한 정보를 입력하는 것만으로도 대략 몇 세 무렵부터 저축 감소가 시작되는지를 예상할 수 있고, 언제부터 자산이 줄어드는지도 보여줍니다.

　이런 시뮬레이션을 활용하는 가장 큰 장점은 라이프 플랜을 '가

도표19 · 일본 금융청의 자산 운용 시뮬레이션

출처 · 일본 금융청(https://www.fsa.go.jp/policy/nisa2/moneyplan_sim/index.html)

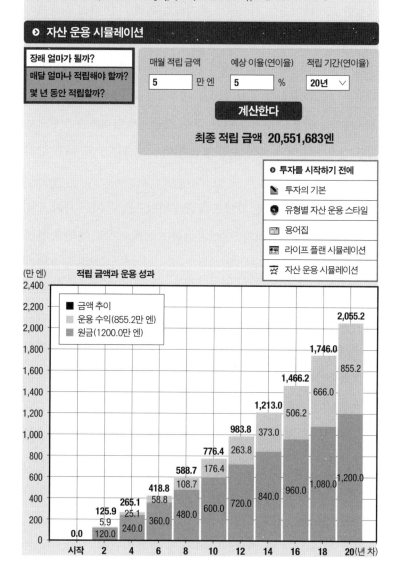

시화'할 수 있다는 점입니다. 어디까지나 예상하는 것이므로 실제로 그대로 이루어진다고 보장할 수는 없습니다. 하지만 앞으로 자산 운용의 '이정표'가 되어주므로, 한번쯤 시도해보기를 추천합니다.

덧붙여 모티베이션에 대해 조심해야 할 점이 있습니다. 자주 '투자를 열심히 하겠습니다'라고 하시는 분들도 있습니다만, '열심히 하겠다'는 의식이 너무 앞서면 좀처럼 잘되지 않을 수도 있습니다. 앞에서 예로 든 노부인도 아마 슈퍼마켓의 진열대를 관찰하며, 거기에 있는 상품을 만드는 회사에 관심을 가지는 일을 우선은 즐겼을 것입니다. 즐기는 마음 없이 억지로 열심히 해야 하는 모티베이션은 그리 오래가지 못합니다. 모티베이션을 유지하려면 즐기는 마음을 빼놓지 말아야 합니다.

원칙 23 모티베이션을 유지하기 위해 목표를 '가시화'한다!

24 | 자산 형성에는 '자산 형성기'와 '자산 유지기'가 필요하다

우선은 자산을 키운다

앞에서 자산을 키우려면 언제 무엇을 위해 쓸 것인지, 목표를 세워야 한다고 말씀드렸습니다. 즉, 투자 목표가 필요합니다. 그냥 돈을 모으고 자산을 불려가기만 한다면 10억 원을 모으든, 100억 원을 모으든 아무런 가치가 없습니다. 세상에는 쌓아놓은 돈뭉치를 바라보는 것만으로 행복하게 살 수는 사람은 거의 없기 때문입니다(물론 전래 동화 속에는 가끔 나옵니다).

우리가 행복을 느끼는 순간은 쌓아놓은 자산을 원하는 것을 위해 사용할 때 찾아옵니다. 그래서 이와 관련해 중대한 조언 한마디를 해드리고 싶습니다.

돈은 쓰기 위해서 모읍시다!

자산을 불리기 위해서는 어느 정도의 시간이 걸립니다. 삶의 여정 속에서 자산 형성 프로세스를 따라가다 보면, 투자를 시작하고 한동안은 자산을 불리는 시기가 이어집니다. 이것을 보통 '자산 형성기'라고 부릅니다. 이 시기에는 자산을 늘리기 위한 투자 및 자산 운용을 적극적으로 행합니다.

이후 일정 정도 자산이 늘어나면 드디어 돈을 쓸 수 있는 시기가 찾아옵니다. 모은 돈을 사용하면서 자산이 가능한 한 감소하지 않도록 유지하고 관리하는 방향으로 전환해갑니다. 이 시기가 바로 '자산 유지기'입니다.

자산 형성기로부터 자산 유지기에 이르기까지 어느 정도의 기간이 필요한가는 원래 가지고 있는 자금과 목표 금액의 크기, 투자를 시작한 나이나 운용 예정 기간, 투자하는 금융 상품의 종류, 또 돈을 사용하는 목적 등에 따라 달라집니다.

이런 자산 형성 프로세스는 기업의 성장 프로세스와 비슷합니다. 창업한 지 얼마 안 되는 스타트업은 미래를 위해 선행투자하며 성장해갑니다. 그리고 성장기에 들어서도 새로운 투자를 계속하다 보면 머지않아 안정기를 맞이합니다. 그러나 성장을 목표로 해야 할 시기에 선행투자를 게을리하거나 이후의 성장 전략을 잘 세우지 못하면 그 기업은 쇠퇴합니다. 거대한 글로벌기업 아마존도 창업 초기에는 적자에 신경 쓰지 않고, 적극적인 선행투자를 계속해 이후 글로벌기업으로 성장할 수 있는 토대를 마련했습니다.

투자도 이와 같습니다. 우선은 우리의 자산을 키우는 것이 중요합니다. 조금 돈이 많아졌다고 해서 그 시점에서 기꺼이 써버리면 결승점에 이를 수가 없습니다.

자산 유지기가 되면 주식에서 채권으로 전환한다

자산 형성기와 자산 유지기에 대해 좀 더 구체적으로 그려보기 위해 앞에서 제시한 일본 금융청의 자산 운용 시뮬레이션 사례(도표19, 130쪽)를 가지고 설명하겠습니다.

이 경우 노후자금 마련을 목적으로 매월 5만 엔을 연이율 5%로 20년간 운용한다고 가정하고 있습니다. 그러면 원래 자금이 1,200만 엔(5만 엔×12개월×20년)이므로, 20년 후 최종 적립금액은 약 2,055만 엔(약 2억 원)이 됩니다.

그 결과 '노후 2,000만 엔 문제', 즉, 부부 2인이 생활하는 경우 연금만으로는 생활비를 충당하기 어려우므로 노후 30년을 위해 2,000만 엔의 저축이 필요하다는 일본 금융청 예상에 대해서는 걱정하지 않게 되었습니다. 이 정도면 자산 형성기의 투자 전략은 일단 성공이라고 볼 수 있습니다. 하지만 안심해선 안 됩니다. 20년째 이후부터는 그동안 불린 자산이 더 이상 줄어들지 않도록 관리할 필요가 있습니다.

보통 자산 형성기에는 수익률이 비교적 높은 주식에 투자합니다. 그리고 자산 유지기에는 리스크(변동 폭)가 작은 채권투자로 전환하는 것이 가장 전통적인 방식입니다. 현재 많은 금융기관도 이런 파이낸셜 플래닝을 실시하고 있습니다.

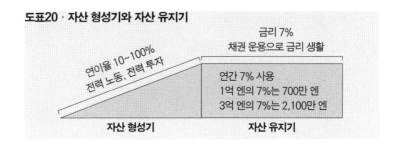

도표20 · 자산 형성기와 자산 유지기

금리 7%
채권 운용으로 금리 생활
연이율 10~100%
전력 노동, 전력 투자
연간 7% 사용
1억 엔의 7%는 700만 엔
3억 엔의 7%는 2,100만 엔
자산 형성기
자산 유지기

자산 형성기에 모은 돈을 그대로 다 쓰면 안 되는 이유는 위의 도표 20을 보면 금방 알 수 있습니다. 처음 5년~10년 사이에는 돈이 별로 늘어나지 않습니다. 그러다가 15년~20년, 이렇게 기간이 길어질수록 점점 자산이 불어납니다.

이것이 11장 〈복리 효과의 진정한 의미〉에서 설명한 복리 효과의 마법입니다. 다시 말해 투자를 시작하고, 처음 5년~10년 사이에는 장차 탐스러운 과실이 될 씨앗이 아직 충분히 자라지 않은 상태입니다. 하지만 이 기간에 소중히 보살피고 관리하면, 도중에 기후 불량이나 해충의 위해를 입을지라도 머지않아 반드시 크고 풍부한 열매를 맺게 됩니다.

과일의 크기, 맛, 품질은 농부의 애정과 수고에 비례하는 것입니다. 자산도 마찬가지입니다. 자산 형성기에는 긴 안목으로 차분히 모으는 것이 무엇보다도 중요합니다.

만일의 경우 안 좋은 사태가 벌어져도 자산 형성기에는 아직 충분히 회복할 시간이 있으니 듬직하게 버티며 계속 노력하면 됩니다.

발아래서 벌어지는 하루하루 시세 변동 폭에 일희일비하거나 버둥
거리다가 포기하지 않도록 조심하면서 말입니다.

원칙 24 애정과 노력으로 차분히 키운 자산은 곧 큰 열매를 맺는다!

25 | 투자 리스크를 판단할 때는 '등급'을 참고한다

채권을 발행하는 기업과 국가의 신용도

자산 유지기에 들어가면 주식과 같은 수익성 상품에서 정기예금이나 채권 같은 안정성 상품으로 전환하는 것이 기본 전략입니다. 형성한 자산을 유지하기 위해 가장 이상적인 것은 연이율 5% 이상 이율이 보장되는 상품입니다. 하지만 지금은 초저금리 시대입니다. 그렇다 보니 연이율 5% 이상 이율이 보장되는 투자처 찾기는 쉽지 않습니다. 그렇다면 이런 상황에서 어떤 투자처를 선택하면 좋을까요?

우선 참고할 만한 것은 신용평가기관에 의한 '신용등급rating'입니다. 이때의 등급이란 주로 채권의 발행원, 즉 회사채라면 발행기업, 국채라면 발행한 나라의 신용도를 평가한 지표입니다. 등급은 신용평가기관에 따라 다소 다르지만, 일반적으로는 최고 등급인 AAA(트리플에이)에서 시작해 AA(더블에이), A(싱글에이)로 내려가고, 한층 더 낮아지면 B, C, D로 표시됩니다. 신용평가기관에 따라 두 번째 이후의 알파벳은 A가 아닌 소문자 a가 되거나 +, -와 같은 표시를 사용할 수도 있습니다. 회사마다 표기는 약간씩 다르지만, 대략적으로는 외국계도 큰 맥락에서 동일합니다.

대부분 신용평가기관은 민간회사에서 운영하지만, 제삼자의 입장에서 객관적으로 평가하는 것이 원칙입니다. 주식이나 채권 발행처로부터 의뢰를 받고 등급을 설정하기도 하지만 의뢰가 없어도 독자적으로 실시할 때도 많습니다. 후자의 경우엔 의뢰받지 않았기 때문에 '마음대로 등급 설정'이라고 불리기도 합니다. 일본에서는 외국 자본계 회사와 일본계 회사가 각각 활동하고 있는데, 외국 자본계 회사에서는 미국의 S&P 글로벌 레이팅, 일본계는 일본 신용평가 연구소JCR 등이 대표적입니다. 한국에서는 한국기업평가, 한국신용평가 등이 있습니다.

신용등급의 활용 예1 - 고수익채권(정크 본드)

신용등급을 구체적으로 활용하는 첫 번째 사례로, 고수익채권High yield bond을 편입한 채권펀드에 대한 이야기를 해겠습니다. 고수익채권은 이름 그대로 이자율은 높지만, 신용등급이 낮은 채권으로 일명 정크 본드Junk bond라고도 합니다.

일반적으로 신용평가에서 BBB(트리플비)와 BB(더블비)는 투자 여부를 결정짓는 경계선으로 여겨지고 있습니다. 즉, BBB 이상을 '투자 적격', BB 이하를 '투자 부적격' 또는 '투기적 수준'으로 평가합니다. 정크 본드는 보통 BB 이하의 평가를 받은 채권을 가리킵니다. 이런 채권들은 신용도가 낮은 만큼, 등급이 양호한 채권보다 금리를 높게 설정해 구매자를 끌어들입니다.

예를 들어 일본에서 가장 유명한 기업의 하나이며, 닛케이 평균주가지수에도 큰 영향을 주고 있는 소프트뱅크 그룹의 회사채를 살펴봅시다. 이 기업의 회사채 신용등급은 2020년 12월 기준으로 볼 때 S&P 글로벌 레이팅에서는 BB+인데, 일본 JCR은 A-로 평가하고 있습니다. 일본 기업의 경우 외국 자본계인 S&P 글로벌 레이팅보다 일본 JCR에서 더 너그러운 신용평가를 받는 일이 많은 것 같습니다. 편파적이기 때문인지, 일본의 실정을 보다 자세하게 알고 있기 때문인지 이유는 확실치 않습니다만….

어쨌든 상장기업 대부분은 이런 신용평가 상황을 공개하고 있습니다. 소프트뱅크 그룹의 경우도 자사 홈페이지에 정크 본드 수준의 평가를 받은 신용등급을 당당히 올리고 있습니다. 경영에 자신이 있기 때문인지, 이런 평가를 군이 공개함으로써 신용도나 신뢰성을 높이려는 것인지는 확실하지 않습니다.

일본 상장기업 중에는 일본 신용평가기관의 높은 등급만 보여주는 기업도 볼 수 있습니다. 그런 의미에서 소프트뱅크 그룹은 당당해 보입니다. 이를 어떻게 해석하는지는 투자자 나름입니다. 열심히 정보를 수집하고 분석해 자신이 투자해야 할지 말지를 판단하면 됩니다. 신용등급은 이를 위한 참고 지표라 할 수 있습니다.

도표21 · 신용평가 등급이 나타내는 신용도에 관한 일반적인 정의(S&P 글로벌
레이팅의 경우)

투자 적격 수준	AAA	채무를 이행하는 능력은 매우 높다. S&P 최상위 등급
	AA	채무를 이행하는 능력은 매우 높다.
	A	채무를 이행하는 능력은 높으나 사업 환경이나 경제 상황 악화로 약간의 영향을 받기 쉽다.
	BBB	채무를 이행하는 능력은 적절하나, 경제 상황 악화로 채무이행 능력이 떨어질 가능성이 더 크다.
	BBB-	시장 참여자들 사이에서 투자 적격 수준 등급 중 최하위로 간주된다.
투기적 수준	BB+	시장 참여자들 사이에서 투기적 요소가 강한 등급 중 이런 요소가 가장 낮다고 간주된다.
	BB	단기적으로는 취약성은 낮지만 사업 환경, 재무 상황 또는 경제 상황의 악화에 대해 큰 불확실성을 가지고 있다.
	B	현시점에서는 채무이행 능력이 있으나 사업 환경, 재무 상황 또는 경제 상황이 악화될 경우에는 채무를 이행할 수 있는 능력이나 의사가 손상되기 쉽다.
	CCC	채무자는 현시점에서 취약하며, 그 채무이행은 양호한 사업 환경, 재무 상황 및 경제 상황에 의존하고 있다.
	CC	채무자는 매우 취약하여 채무불이행은 아직 발생하지 않았으나 사실상 확실히 발생할 것으로 예상된다.
	C	채무자는 현시점에서 지불불이행에 빠지기 쉬운 상태에 있으며, 보다 높은 등급의 채무에 비해 최종 회수율이 낮을 것으로 예상된다.
	D	채무 지불이 이루어지지 않았거나 상정된 약속을 위반하고 있다. 파산 신청 혹은 이와 유사한 절차를 밟고 있는 경우에도 'D'가 적용된다.

'AA'에서 'CCC'까지의 등급에는 플러스(+) 기호 또는 마이너스(-) 기호를 붙일 수 있으며, 각각 카테고리 안에서 상대적인 강도를 나타낸다.

신용등급의 활용 예2 - 외국은행의 예금

신용등급은 외국은행의 예금에 가입할 때도 검토해야 할 자료입니다. 은행예금의 이자는 예입 기간이 길고, 또 예입 금액이 많을수록 높아집니다. 그러나 현재 일본에서 5년짜리 정기예금 중 이자가 가장 높은 것은 오릭스은행의 연이율 0.28%짜리 상품입니다(책 집필 시점). 이래서는 자산을 유지하기가 어렵다고 볼 수밖에 없습니다.

하지만 외국은행으로 눈을 돌리면 좀 더 나은 선택지가 있습니다. 예를 들면, 캄보디아에는 아클레다은행ACLEDA Bank이 있습니다. 이 은행은 1993년에 유엔개발계획UNDP과 국제노동기구ILO가 소득 향상과 고용 창출을 목적으로 설립한 비정부기구NGO 은행입니다. 2003년 12월 상업은행으로 허가받았고, 출자기업을 보면 일본에서도 미쓰이스미토모은행이 18.25%, 오릭스은행이 12.25%를 출자하고 있습니다.

이 아클레다은행의 금리는 최장 60개월(5년)의 미 달러 정기예금에서 무려 연이율 6.5%(책 집필 시점)를 적용하고 있습니다. 세계의 중심 통화인 미국 달러화 정기예금입니다. 타국에 사는 우리에게는 믿기 어려운 고금리지만, 설립 경위나 출자기업이 확실한 상업은행입니다. 일본에서도 이 은행의 계좌를 개설할 수 있으며, 신용카드의 경우 비자VISA와 마스터Master, 일본 JCB 직불 카드를 이 계좌를 통해 발급받을 수 있습니다.

하지만 캄보디아는 개발도상국이기 때문에 신용등급은 높지 않습니다. 아클레다은행에서 공개한 주요 신용평가기관의 등급은 B+나 BB에 머물고 있습니다(책 집필 시점). 즉, 신용도는 투자하기에 아슬아슬한 레벨입니다.

원래 캄보디아라는 나라 자체의 등급도 그리 높지 않은 것이 사실입니다. 요컨대 '컨트리 리스크' 자체가 높다는 단점이 있습니다. 또한 미국 달러로 들어가는 예금이므로 외환 리스크 요인도 추가됩니다. 결국 투자에 앞서 이것들을 어떻게 판단하는가는 역시 투자자 자신의 몫이라고 할 수 있습니다.

이와 같이 신용등급은 투자와 자산 운용을 할 때 유력한 판단 근거가 되는 자료 중 하나이기 때문에, 머릿속에 넣어두면 좋습니다. 다만 신용등급이 전부는 아닙니다.

첫 번째로, 앞에서 이야기했듯이 같은 기업, 같은 채권이라도 신용평가기관에 따라 등급이 달라지는 경우가 드물지 않습니다. 두 번째로, 그때그때 경영 상황이나 경제 정세 등에 따라 신용등급은 항상 변동합니다. 오늘은 AAA를 받았던 회사가 갑자기 A나 BBB로 격하되는 일이 허다합니다.

또한 AAA로 등급이 매겨진 기업이라도 도산할 가능성이 아예 없는 것은 아닙니다. 그렇다고 BB 이하로 등급이 매겨진 기업 전부가 채무불이행에 빠지는 것은 아닙니다. 어디까지나 신용등급은 참고 지표라는 사실을 기억해야 합니다.

그리고 이 모든 사실에 앞서 절대로 잊지 말아야 할 것은 높은 이자율에는 높은 위험이 따른다는 사실입니다. 따라서 투자 전에 모든 수단을 동원해 투자 대상에 어떤 리스크가 있는지를 제대로 분석해야 합니다. 특히 자산 유지기 동안의 자산 운용에서는 리스크 판별이 아주 중요합니다. 이 시기에는 일단 리스크 충격을 받으면 회복하기가 쉽지 않습니다.

원칙 25　이율과 리스크는 늘 반비례 관계에 있다!

26

나이에 따라
투자 대상을 바꾸는
'에이지 슬라이드' 방식

세 가지 상품의 특성을 나이에 비추어 판단한다.

자산 운용을 할 때 피할 수 없는 것이 '자산 배분' 문제입니다. 흔히 '금융 상품은 그 성질에 따라 유동성 상품, 안전성 상품, 수익성 상품이 있으며, 인생의 계획에 맞추어 각각의 상품에 분산투자해야 한다'고 합니다.

여기서 말하는 유동성 상품이란 예·적금처럼 언제든 필요에 따라 현금화할 수 있는 금융 상품입니다. 안전성 상품이란 국채를 비롯한 채권 등을 가리킵니다. 수익성 상품이란 주식이나 부동산 등 리스크가 비교적 높은 금융 상품 전반을 가리킵니다. 13장의 〈투자의 출발점은 '자본주의란 무엇인가'를 이해하는 것〉에서 설명했던 로우 리스크·로우 리턴형, 미들 리스크·미들 리턴형, 하이 리스크·하이 리턴형으로 나누는 분류법을 바꾸어 말한 것으로 생각해도 문제는 없습니다.

그럼 자산을 이런 세 가지 투자처에 어떻게 분산하면 좋을까요? 사실 여기에는 정답이 없습니다. 제가 아는 파이낸셜 플래너나 파이낸셜 어드바이저 등에게 물어보아도 교과서적 분산을 제안하는 전문가도 있고, 적극적인 운용을 제안하는 전문가도 있습니다. 투자에 대한 사고방식은 그야말로 천차만별이라고 할 수 있습니다. 그런 의미에서 누구에게나 해당하는 유일한 투자 공식 같은 것은 없다고 볼 수 있습니다.

따라서 이 책에서는 특정한 라이프 플랜을 전제하지 않고, 단순히 '수익성 상품에 대한 투자'라는 관점에서 하나의 단서를 소개하고자 합니다. 그것은 '에이지 슬라이드'라는 방식입니다.

에이지 슬라이드 방식은 수익성 상품을 자산의 어느 정도 비율로 배분할지 판단할 때, 투자자의 나이를 따르는 개념입니다. 이 비율은 다음과 같은 공식으로 구할 수 있습니다.

도표22 · 에이지 슬라이드 방식

에이지 슬라이드 방식에 의한 수익성 상품에 대한 자산 배분 비율

$120 - 연령_{age} = 수익성 상품에 대한 배분율(\%)$

예) 30세라면 $120 - 30 = 90\%$

　　70세라면 $120 - 70 = 50\%$

위의 공식에 따르면, 현재 30세인 사람은 90%, 50세인 사람은 70%를 각각 수익성 상품에 배분할 수 있습니다.

과거 이 공식의 첫 번째 숫자는 120이 아니라 100이었습니다. 그러나 평균수명이 길어지고, 정년퇴직하는 연령도 높아지면서 현재는 120을 사용하는 것이 일반적입니다. 따라서 에이지 슬라이드와 관련된 자료에서 이 공식의 첫 번째 숫자가 '100'으로 되어 있다면, 오래된 정보라고 생각하면 됩니다. 투자 정보를 접할 때는 항상 그것이 시대 변화를 반영한 최신 정보인지도 살펴봐야 합니다.

이 공식에 따르면 의외로 투자 연령이 높아도 수익성 상품에 비중을 크게 둘 수 있음을 알 수 있습니다. 그럼 왜 투자에 있어서 이런 에이지 슬라이드 방식이 주목받는 것일까요?

물가 상승을 따라잡는 예·적금 금리는 없다!

투자에서는 물가 상승을 어떻게 대비하는지가 중요합니다. 물가라는 것은 기본적으로는 시간이 흐르면, 상승합니다. 예금 및 적금 금리가 이런 상승에 따라가면 아무런 문제가 없습니다. 하지만 경제 구조를 생각하면, 그런 일은 있을 수 없습니다. 은행은 우리의 돈을 운용해 수익을 내고 그중 일부를 이자로 주기 때문에, 물가 상승분보다 낮은 금리여야만 경영할 수 있기 때문입니다.

지금 일본에서 보통예금은 연이율 0.001%라는 초저금리로 운영되고 있습니다(한국 중앙은행 기준금리는 2022년 2월 기준 1.25%다-옮긴이). 즉, 1,000만 원을 맡겨도 1년에 붙는 이자는 불과 100원, 여기서 원천징수 세금을 떼면 80원밖에 되지 않습니다.

그렇다면 주식투자는 어떨까요? 미국의 대표적 주식지수인 S&P500지수를 살펴보겠습니다. 1973~2018년 사이 45년 동안 주식지수의 연평균 이율이 7.1%였습니다. 물론 이것은 어디까지나 평균 이율이며, 단기적으로는 크게 오르거나 내려가기도 합니다. 게다가 S&P500지수에는 달러로 투자하기 때문에 환율 리스크도 생각해야 합니다. 하지만 장기적 관점에서 보면 S&P500지수투자로 얻을 수 있는 평균 이율이 예금 및 적금의 금리를 밑도는 때는 없다고 보아도 좋을 것입니다.

일본 주식시장도 마찬가지입니다. 버블경제의 붕괴, 구로다 바주카(일본은행 총재인 구로다가 발표한 대담한 금융 완화책 - 옮긴이)로 불리는 일본은행의 장기 저금리 정책 등 특수한 돌발 요인들이 발생하는 가운데, 닛케이 평균주가지수(닛케이 225지수)의 2000년 12월 말~2020년 12월 말 사이의 20년 동안 평균 이율은 3.5%였습니다. 적어도 10년 이상 장기적인 관점으로 보면 주가는 꾸준히 상승하고 있음을 알 수 있습니다.

한국 주식시장도 크게 급락한 적이 있기는 하지만 장기적으로는 우상향하고 있습니다.

요즘은 투자 이론도 옛날과는 크게 달라져, 적극적으로 리스크를 감수하며 자산을 불리도록 추천하는 것이 트렌드입니다. 그런 의미에서 투자 연령이 높아져도 수익성 상품 비중을 크게 잡는 에이지 슬라이드 방식은 하나의 기준으로 삼을 만하다고 봅니다. 청·장년

층은 물론이고 중년이나 노년층 투자자들도 에이지 슬라이드 방식을 참고로 하여, 자신의 연령대에서 무리 없이 감당할 수 있는 자산 배분을 검토해보십시오.

원칙 26 물가 상승분을 뛰어넘을 수 있는 자산 배분을 생각하자!

27 | 투자 대상은 미국과 국내로 충분하다!

모르는 것에 투자해서는 안 된다

노인분과 상담을 한 적이 있습니다. 금융기관의 직원이 성장하는 국가라고 추천해주어 'X국 투자펀드'에 가입했는데, 가격이 크게 떨어졌다고 하소연했습니다. 몇 번이나 말했지만, 금융기관 직원의 말을 그대로 믿어선 안 됩니다. 제 경험으로는 이들이 내놓는 수많은 추천 상품 중 정말 고객에게 딱 맞는 상품은 드뭅니다. 앞에서도 언급했지만 '이달의 캠페인 상품'처럼 기관마다 혹은 지점마다 팔아야 하는 상품과 그것을 우선 팔 수밖에 없는 사정이 있기 때문입니다. 따라서 좀 심하게 말하자면. 이런 경우 제일 잘못한 사람은 잘 알아보지도 않고 투자해버린 상담자 자신입니다.

독자 여러분은 평소 쇼핑을 어떻게 하십니까? 예를 들어서 근처 슈퍼마켓에 가서 '오늘 밤 반찬은 무엇으로 할까'라고 생각하며 장을 본다고 칩시다. 이때 가격은 얼마인지, 신선한지, 다른 반찬들과

영양 밸런스는 맞는지, 요리하기 간편한지 등 나름 여러 가지 기준을 적용해 메뉴를 결정하고 물건을 삽니다.

그런데 이상하게도 투자할 때는 파는 사람의 말만 듣고 잘 모르는 상품임에도 덜컥 투자를 결정합니다. 그리고 그런 사람들은 대부분 나중에 구매한 금융 상품의 수익률이 떨어지고 있다고 불평합니다. 이들 대부분은 스스로 지식을 쌓지 않았기 때문에 수익을 올릴 투자처를 알아보기가 어렵습니다. 금융기관에서 상품을 권유하면 그 상품에 투자할지 어떨지를 스스로 판단할 능력이 안 되니 영업자에게 높은 수수료만 안겨주는 형편없는 상품에 가입하고 맙니다. 만일 자신의 지식이나 정보만으로 부족하다면, 주변의 선배 투자가나 파이낸셜 플래너 같은 전문가를 찾아가 가능하면 여러 명과 상담해보는 것도 하나의 방법입니다.

어쨌든 스스로 열심히 투자에 대한 정보를 모으고 연구하는 것이 중요합니다. 그리고 투자할 때 반드시 지켜야 할 철칙은 '모르는 것에 투자하면 안 된다!'입니다.

그럼 어떤 투자처가 가장 안전할까요? 기본적으로 '언제 어디서나 제대로 된 정보를 얻을 수 있고, 신용할 수 있는 나라와 그 나라의 기업들'만 투자 대상으로 삼아야 합니다. 구체적으로 말하자면 '미국하고 국내로 충분하다'고 볼 수 있습니다. 그 이유는 간단합니다.

우선 미국은 세계 최대 경제 대국이면서, 동시에 정치, 경제, 문화 모든 면에서 이 나라에 대한 확실하고 풍부한 정보를 접하기도 쉽습니다. 국내, 제 경우 일본은 자신이 살고 있는 나라라서 말, 습관, 국내의 경제적 상황에 대해 다른 어느 나라보다도 잘 알 수 있기 때문입니다. 자신의 국가가 신뢰할 수 있는 나라라면 미국과 자신의 나라만으로도 충분할 수 있습니다.

코로나 백신 개발업체 중 예전부터 알고 있던 회사는?

현재 세계에서 국내총생산GDP 상위 3개국을 꼽자면, 1위가 미국이고 2위가 중국, 3위가 일본입니다. 한국은 10위입니다. 한편, 무역거래 통화를 보면 미국 달러가 여전히 세계 기축통화의 지위를 확보하고 있습니다. SWIFT(국제은행간통신협회. 1973년 유럽 및 북미의 주요 은행들이 만든 비영리 단체)의 2016년 12월 발표에 따르면, 대금 결제에 사용되는 통화 중 가장 큰 비율을 차지하고 있는 것은 미국 달러로, 42.09%에 이릅니다. 그다음으로는 유로화가 31.30%를 차지하고 있고, 일본 엔화는 3.40%에 지나지 않습니다. 현재 미국경제의 힘은 압도적이라고 할 수 있습니다.

물론 GDP 세계 2위인 중국이 미국을 바짝 쫓고 있고, 글로벌기업인 알리바바나 화웨이 같은 대기업 정보도 나름대로 공개되어 있습니다. 하지만 중국발 정보에는 아직도 불확실한 면이 있고, 당국의 경제정책도 미래를 예측하기 어려운 점이 많습니다. 투자가의 시선으로 보자면 중국을 미국이나 일본, 한국처럼 '안심할 수 있는 나라'라고 말하기엔 어려운 점이 많다고 할 수 있습니다.

그럼 유럽은 어떨까요? 영국, 독일, 프랑스 등 주요 국가들의 정보는 실시간으로 들어오고, 정보가 공개된 유명한 대기업들도 많이 있습니다. 그러나 미국과 비교했을 때는 역시 정보격차가 보입니다. 다음과 같은 예를 보면 독자분들도 이런 상황을 피부로 느낄 수 있을 것입니다.

코로나 백신 개발업체들을 떠올려봅시다. 한국과는 달리, 일본 사람들 중에는 미국 '화이자'의 이름은 익숙하지만, 영국의 '아스트라제네카' 같은 회사 이름은 처음 듣거나 생경하게 여기는 경우가 있습니다.

화이자는 다우존스 산업평균지수 30개 종목에 이름을 올린 대기업 제약회사로 이번 백신 개발에서도 연방 정부의 자금 지원을 거절하고 자력으로 개발에 성공했다고 합니다. 이 일로 회사의 자금력과 연구개발력이 새삼스럽게 세계인들의 주목을 받았습니다. 백신 공급 면에서도 미국은 물론 영국과 일본, 한국 심지어 전 세계 여러 나라로 자사의 제품을 보급해 세계시장을 향해 글로벌 사업을 전개하고 있음을 각인시켰습니다.

이처럼 다우존스 산업평균지수 30개 종목에 들어가는 기업은 모두 뛰어난 존재들입니다. 그들의 시가총액은 단 30개 기업인데도 일본 내 전체 상장기업들의 시가총액을 능가하는 거대함을 자랑하고 있습니다. 게다가 모두 글로벌하게 사업을 전개해, 대부분 수익을 미국 이외의 시장에서 거둬들이고 있습니다. 무엇보다 기업 정보가 전 세계에 공개된 기업들이기 때문에, 이런 기업들과 자국 국내기업들만으로도 충분한 투자처가 됩니다. 특히 초심자의 경우에는 잘 모르는 외국기업에 투자하는 모험을 할 필요가 없습니다.

원칙 27 모르는 것과 이해할 수 없는 것에 손대지 말자!

28

미국 주식투자는
잘 아는 대기업만 하면 된다

정보를 쉽게 접할 수 있는 글로벌기업

27장에서 '투자 대상은 미국과 국내뿐'이라고 강조했습니다. 우선
이 중에서 미국 주식에 대해 생각해봅시다. 과연 어떤 종목을 선택
하는 것이 좋을까요?

미국 주식 선택법은 비교적 간단합니다. 누구나 이름을 알고, 모두
가 이용하는 대기업에 투자하면 틀림없습니다. '누구나 아는 미국 기
업'의 대표는 GAFA라고 불리는 거대 IT·플랫폼기업들일 것입니다.

GAFA는 인터넷 서비스기업인 구글Google(지주회사는 Alphabet), 인
터넷 쇼핑몰 및 클라우드 제공업체인 아마존Amazon, SNS 최대기업인
페이스북Facebook(현재 Meta로 사명 변경 - 옮긴이), 그리고 아이폰과 아이
패드 제조업체인 애플Apple. 이 4개 글로벌기업의 첫 글자를 딴 것입
니다. 소비자들 중에서 이 4개 기업의 제품이나 서비스를 전혀 이용
해보지 않은 사람은 거의 없을 것입니다.

GAFA의 공통점은 전 세계 어느 나라에서도 기본적으로 같은 비즈니스 모델로 사업을 전개하는 글로벌기업이라는 점입니다. 즉, 이들 기업은 전 세계의 수억 명, 수십억 명에 이르는 사람들에게 같은 제품이나 서비스를 제공해, 막대한 매상과 수익을 올리고 있습니다.

미국의 대기업 중에는 전 세계적인 규모로 사업을 키워 크게 성장한 대기업들이 GAFA 외에도 많이 있습니다. 156~157쪽의 도표23은 다우존스 산업평균지수(다우지수)에 포함된 30개 종목의 변천을 10년마다 조사한 자료입니다. 다우존스 산업평균지수는 세계에서 가장 유명한 주식 지표입니다. 125년 전인 1896년부터 시작된 이 지수에는 뉴욕 증권거래소와 나스닥시장에 상장한 5,000개 이상의 기업 중에서 선택된 30개 기업이 포함되어 있고, 1년에 한 번씩 종목 교체가 이루어집니다.

다우존스 산업평균지수에 들어가는 30개 종목은 시대별 미국경제의 흥망성쇠를 비추는 거울 같은 존재라 할 수 있습니다. 자동차 1위 업체인 제너럴 모터스GM는 이미 오래전에 자취를 감추었고, 가장 오랫동안 다우존스 산업평균지수 종목으로 선정되며 경영 혁신(트랜스포메이션)을 거듭했던 제너럴 일렉트릭GE도 2018년에는 결국 시대의 흐름에 버티지 못하고 탈락했습니다.

현재 다우존스 산업평균지수의 인기 종목은 역시 IT와 관련된 기업입니다. 어쨌든 이 지수에 포함된 기업들은 미국 전체 기업 중 최고의 영예를 거머쥔 것이나 마찬가지입니다. 말하자면 미국을 대표

도표23 · 다우존스 산업평균지수 30개 종목의 변천

1990년	2000년	2010년	2020년
미네소타 마이닝 앤드 매뉴팩처링(3M)	3M	3M	3M
아메리칸 익스프레스	아메리칸 익스프레스	아메리칸 익스프레스	아메리칸 익스프레스
셰브론	SBC커뮤니케이션즈	AT&T	애플
보잉	보잉	보잉	보잉
나비스타 인터내셔널	캐터필러	캐터필러	캐터필러
얼라이드시그널	허니웰 (얼라이드 시그널과 합병)	셰브론	셰브론
제너럴 모터스	제너럴 모터스	시스코시스템스	시스코시스템스
코카-콜라	코카-콜라	코카-콜라	코카-콜라
듀폰	듀폰	듀폰	다우(듀폰과 다우케미컬의 통합)
엑손	엑손	엑손모빌	엑손모빌
필립모리스	필립모리스	뱅크오브아메리카	골드만삭스
시어스 로벅 앤드 컴퍼니	홈디포	홈디포	홈디포
굿이어 타이어 앤드 러버 컴퍼니	인텔	인텔	인텔
IBM	IBM	IBM	IBM
베들레헴 스틸	존슨앤드존슨	존슨앤드존슨	존슨앤드존슨
아메리칸 캔 컴퍼니	J.P.모건 앤드 컴퍼니	JP모건 체이스	JP모건 체이스
맥도날드	맥도날드	맥도날드	맥도날드

1990년	2000년	2010년	2020년
머크 앤드 컴퍼니	머크 앤드 컴퍼니	머크 앤드 컴퍼니	머크 앤드 컴퍼니
유니언 카바이드 컴퍼니	마이크로소프트	마이크로소프트	마이크로소프트
알루미늄 컴퍼니 오브 아메리카(후에 알코아로 사명 변경)	알코아	알코아	나이키
이스트먼 코닥	이스트먼 코닥	화이자	화이자
프록터 앤드 갬블	프록터 앤드 갬블	프록터 앤드 갬블	프록터 앤드 갬블
웨스팅하우스 일렉트릭 컴퍼니	시티 그룹	트래블러스 컴퍼니스	트래블러스 컴퍼니스
인터내셔널 페이퍼	인터내셔널 페이퍼	크래프트 푸드 그룹	유나이티드헬스 그룹
유나이티드 테크놀로지스	유나이티드 테크놀로지스	유나이티드 테크놀로지스	유나이티드 테크놀로지스
아메리칸 텔레폰 앤드 텔레그래프 (후에 AT&T로 사명 변경)	AT&T	버라이즌 커뮤니케이션	버라이즌 커뮤니케이션
텍사코	휴렛팩커드	휴렛팩커드	비자
제너럴 일렉트릭	제너럴 일렉트릭	제너럴 일렉트릭	월그린 부츠 얼라이언스
F.W. 울워스 컴퍼니	월마트	월마트	월마트
USX	월트 디즈니 컴퍼니	월트 디즈니 컴퍼니	월트 디즈니 컴퍼니

하는 엘리트기업들이라 할 수 있습니다.

다우지수 30개 시가총액이 한국 전 상장사 시가총액보다 크다!
2020년 다우존스 산업평균지수 30개 종목에 포함된 기업들만 봐도 우리에게 친숙한 유명한 기업이 줄줄이 늘어서 있습니다. 예를 들면, PC용 기본 소프트웨어os 'Windows' 제공업체인 마이크로소프트, PC용 마이크로프로세서 개발업체인 인텔, 세제나 의료 및 보건 제품 제조업체인 P&G, 그 외에도 코카-콜라, 월트 디즈니 컴퍼니 등 슈퍼 스타들만 모아놓은 것 같습니다! 마치 미국 MLBMajor League Baseball 나 NBANational Basketball Association(전미농구협회)의 드림팀을 보는 것 같습니다.

더욱더 놀라운 것은 다우존스 산업평균지수 30개 종목에 포함된 기업들 시가총액이 엄청난 규모라는 사실입니다. 단지 30개 기업인데 시가총액의 합계는 약 10조 달러에 이릅니다. 이는 일본 엔으로 환산하면 1,000조 엔(책 집필 시점), 한화로는 약 12만 조(2022년 2월 17일 기준)에 가깝습니다. 일본 전체 상장기업 약 3,700개 사의 시가총액 합계는 약 694조 엔(책 집필 시점, 약 7,300조 원)을 훨씬 웃돌고 있습니다. 한국의 전체 상장기업은 2021년 기준 약 2,300개 사로, 시가총액의 합계는 약 2,600조 원 정도 됩니다. 즉, 다우존스 산업평균지수에 속하는 이들 30개 기업은 한 나라의 기업 전체를 합쳐도 이길 수 없을 정도로 기업 가치가 있다고 볼 수 있습니다.

  30개 종목에 포함된 기업 가치의 원천은 잠재성장력이 높다는 데 있습니다. 30개 기업 거의 모두가 미국 이외의 국가에서도 글로벌하게 사업을 운영하고 있습니다. 따라서 절반 이상의 기업에서 매출액 중 해외 비율이 50%를 넘습니다. 이 기업들은 온 세상의 사람들을 고객으로 삼아 수익을 올리면서 함께 수집한 고객 정보와 같은 방대한 빅 데이터를 활용해 새로운 이노베이션(기술 혁신)도 일으켜 매상 확대로 연결하는 중입니다. 글로벌하게 사업을 전개하는 미국 대기업 중 상당수는 이런 다이내믹한 성장 모델을 확립하고 있어 앞으로도 성장 가능성이 크고, 주가도 더 오를 것으로 기대됩니다.

  중요한 포인트는 해외에 사는 우리도 이들 미국 대기업의 가치를 '체감'하고 있다는 사실입니다. 실제로 이들 기업의 제품과 서비스를 이용하고 있으므로 투자처를 선택할 때 이보다 더 설득력이 있는 기업 정보는 없습니다.

  한편, 미국은 세계 유수의 벤처 강국이기도 합니다. 상장 전인데도 이미 평가된 시가총액이 10억 달러(약 1조 2,000억 원)를 넘는, 이른바 유니콘기업이 200개 이상 있다고 합니다. 투자 자문가 중에는 이런 유니콘기업에 투자하기를 적극적으로 추천하는 사람도 있습니다. 큰 자본 이득을 기대할 수 있으니 좋은 생각이긴 합니다만, 당연히 이득이 큰 만큼 리스크도 큽니다. 특히 문제가 되는 것은 이런 유망 벤처기업들은 주로 의료·바이오, AI(인공지능), 핀테크Fin-tech와 같은 최첨단의 하이테크 분야에 많다는 점입니다. 아직 미개척 분야이기 때문에 장래에 이들 중 어떤 기업이 살아남을지는 그 방면의 전문가라도 예상하기 어려운 실정입니다.

투자는 '아는 것과 이해되는 것'에 해야 한다는 것이 철칙이기 때문에, 미국 주식에 투자할 때는 '친숙한 대기업'을 분석해 선택하는 것이 가장 바람직하다고 할 수 있습니다.

원칙 28 미국 주식의 장점은 기업의 상품이나 서비스를 직접 써보고 '기업 가치를 체감할 수 있는 점'이다.

29

'글로벌한 사업을
하지 않는 대기업'은
지나쳐도 된다

국내를 대표하는 기업도 세계에서 보면…

다음으로 제가 살고 있는 일본의 예를 들어 국내(자국)의 주식투자를 설명해보겠습니다. 일본 주식에선 과연 어떤 종목을 선택하면 좋을까요?

'누구나 아는 대기업'은 많습니다. 일본 기업의 4번 타자는 시가총액이 일본 제일을 자랑하는 토요타 자동차일 것입니다. 세계 자동차 시장에서 항상 최상위를 다투고 있는 이 기업은 일본을 대표하는 글로벌 컴퍼니라고 할 수 있습니다. 그런데 이런 토요타 자동차조차도 세계 기업 시가총액 순위에서 간신히 상위권에 이름을 올릴 수 있었습니다. 여러 곳에서 발표되는 세계 시가총액 상위 50개 기업 순위를 보면, 토요타 자동차 이외의 일본 기업은 찾아볼 수가 없습니다.

시가총액이 작은 이유를 간단히 말하자면, 글로벌화와 디지털화에 크게 뒤떨어졌기 때문입니다. 많은 대기업은 국내시장에서 큰 점유율을 획득해도 그것을 세계시장으로까지는 확장시키지 못하고 있습니다.

예를 들면 일본의 NTT 도코모는 세계 최초로 휴대전화용 인터넷 접속 서비스 'i모드'를 실용화했지만, 글로벌 스탠더드(국제 표준)로 성장시키지 못했고, 스마트폰의 등장과 함께 오히려 뒤처지고 말았습니다. 소니도 세계 최초로 휴대 가능한 음악 재생기기인 '워크맨'을 크게 히트시켰지만, 디지털 음악 서비스를 무기로 출시된 애플의 'iPod'에 밀려 왕좌를 시원하게 내주고 말았습니다.

최근에는 SNS(소셜 네트워크 서비스)에서도 같은 현상이 일어나고 있습니다. 일본에서는 LINE이 1억 명에 육박하는 사용자 수를 자랑하고 있지만, 전 세계 페이스북 사용자의 25분의 1 정도에 지나지 않아 SNS 상위 7개 기업에도 들어가지 못하고 있습니다. 일본 국내를 지배할 수는 있어도 세계적인 시장점유율을 보이는 데까지는 성장하지 못하고 있습니다. 이것이 일본 대기업의 현실입니다(카카오톡 이용자 수는 2021년 기준 약 5,200만 명 정도 - 옮긴이).

물론 일본 기업 중에도 세계적인 시장을 무대로 활발히 사업을 벌이는 경우가 없는 것은 아닙니다. 'UNIQLO(유니클로)'를 전개하는 패스트 리테일링Fast Retailing은 일본 내에 머무르지 않고, 중국, 한국 등 아시아나 미국과 유럽에 적극적으로 점포를 확장해, 패스트 패션 업계를 대표하는 국제 브랜드가 되었습니다. 한편, 가정용 게임기 소프트웨어를 개발하는 닌텐도Nintendo는 전 세계에 수억 명의 유저를 확보하고 있고, 최근에는 코로나 사태로 집에 머무는 사람들을 공략해 출시한 게임 소프트웨어 〈모여봐요 동물의 숲〉을 대히트시켰습니다.

또, 일반 소비자의 눈에는 잘 띄지 않지만, 이른바 B to B형 제품 및 서비스 분야에서 세계적인 시장점유율을 자랑하는 기업도 적지 않습니다. 이런 기업들은 주로 각종 전자 부품, 반도체 제조 장치, 탄소 섬유 등의 하이테크 소재 같은 것을 만듭니다. 스마트폰도 항공기도 '메이드 인 재팬'의 부품이나 소재가 없으면 만들 수 없다는 말이 있을 정도로 이런 기업들의 영향력이 막강한 것은 사실입니다.

그렇다고는 해도, 이런 우량기업을 포함한 일본의 대기업들이 과연 GAFA나 다우존스 산업평균지수 30개 종목으로 대표되는 미국의 초거대기업 수준으로 성장할 수 있을까요?

캐피털 게인을 기대할 수 있는가? – 주목할 점은 '주가의 성장력'

투자라는 시점에서 생각했을 때, 한 나라 안의 대기업들이 떠안고 있는 최대 과제는 '주가의 성장력'입니다. 이런 기업들의 현재 주가가 앞으로 5배, 혹은 10배로 성장할 수 있는지를 묻는다면, 유감스럽지만 거의 기대할 수 없다고 생각합니다.

물론 한때 주가가 일시적으로 급등하는 현상은 있을지도 모르지만, 과연 이런 기업들이 온 세상을 깜짝 놀라게 할 만큼 혁신적이고 획기적인 상품을 개발해 일대 비약을 이룰 수 있을까요? 물론 그럴

가능성이 전혀 없다고 못 박고 싶지는 않지만, 아주 희박한 것은 사실입니다.

따라서 내 나라에서만 유명한 대기업에 투자하면, 대가로 기대할 수 있는 것은 배당금이라는 인컴 게인(소득이익)뿐입니다. 주식투자의 묘미인 주가 상승, 즉 캐피털 게인(자본이익)은 별로 기대할 수 없습니다. 이래서는 투자 대상으로서 아주 좋다고는 할 수 없습니다.

여기서 잠깐 발상의 전환이 필요합니다! 미국 주식투자와 달리 국내에서는 상장하고 얼마 되지 않은 신흥 벤처기업의 주식을 투자 종목으로 생각해볼 필요가 있습니다. 이런 주식은 흔히 '소형주'라고 합니다.

일본 벤처기업의 등용문이라고 불리는 도쿄 증권거래소의 마더스나 자스닥에는 아직은 작지만 성장성이 큰 중견기업이나 벤처기업이 많이 상장되어 있습니다. 일본 내의 유니콘기업(창업 10년 이내이며 10억 달러 이상 시장 가치가 있는 미상장 스타트업)은 10개 회사도 없다고 합니다만, 시가총액 500억 엔(약 5,300억 원) 이내에서 상장 후 10년 이내에 주가를 10배까지 올린 기업은 다수 있습니다.

2020년은 코로나 사태에도 불구하고, 일본의 신규 주식공개 수는 오랜만에 과거 최고 수준이 되었습니다. 그리고 일본 정부는 2021년을 '이노베이션 원년'으로 정하고 미국과 중국을 추격하기 위해 '일본판 SBIR Small Business Innovation Research(소규모 사업 혁신 연구 프로그램)' 제도를 재구축해 그 주역이 될 벤처기업 육성을 본격적으로 하겠다고 발표했습니다.

정부의 지원이 있는 분야에선 혁신적으로 성장해 주가가 크게 오르는 기업이 많이 나옵니다. 따라서 이런 흐름을 잘 읽어내 장래성이 있는 신흥기업에 투자하고, 장기적인 시점에서 그 기업과 내가 투자한 자산의 성장을 지켜봐야 합니다. 이것은 리스크가 있지만 기대할 여지가 많은 즐거운 투자 전략입니다.

원칙 29 투자한다면 '성공한 대기업'보다 '성장성이 있는 신흥기업'에!

30 │ 편하게 투자하고 싶으면 '인덱스투자'

장기투자를 전제로 한다

주식투자를 막 시작한 사람, 혹은 지금부터 시작하려고 의욕에 넘치는 사람들은 보통 열심히 투자의 구조를 공부하고, 매일 정보 수집에도 열심입니다(라고 믿습니다). 기업 실적이나 시장 동향, 그리고 투자 상품을 사고파는 구조나 흐름 같은 것을 알면 공부나 정보 수집이 더욱더 재미있어지고, 정말 열심히 공부해서 전문가로 성장하는 사람도 나타납니다.

하지만 작심삼일까지는 아니라 해도 어느 정도 시간이 흐르면 차츰 공부가 귀찮아지고 뉴스나 증권사 보고서를 찾아 읽는 것도 질립니다. 게다가 하는 일이 바빠지면 몸과 마음이 지쳐 처음 투자 공부를 시작할 때의 열정은 사라지고 맙니다. 최악의 경우엔 매매 타이밍을 생각하는 것도 어렵기만 하고 싫어집니다. 이 정도가 되면 일이나 육아가 바쁘다는 핑계를 대고 투자를 그만두는 사람도 생깁니다.

다행히 이런 사람들도 주식투자를 포기하지 않고 성공하는 방법이 있습니다. 물론 단기투자가 아니라 어디까지나 장기투자를 할 경우에만 해당하는 이야기입니다. 편하면서도 비교적 안전한 투자 방법으로 '인덱스투자'를 추천하고 싶습니다. '인덱스'란 앞에서도 이미 여러 번 나온 '지수'를 의미합니다. 즉, 주식시장의 가격 변동을 나타내는 '지표'입니다. 대표적인 것으로는, 일본에선 닛케이 평균주가지수(닛케이 225지수)와 TOPIX(도쿄 증권거래소 주가지수, 토픽스지수)가 있고, 미국에선 다우존스 산업평균지수, S&P500지수 등이 있습니다.

인덱스투자는, 간단히 말해 이런 지수 자체를 상품화한 '인덱스펀드'를 구매하는 것입니다. 인덱스펀드는 신탁은행, 증권회사 등 여러 금융기관에서 독자적으로 상품화해서 판매하고 있습니다. 많은 종류가 있지만 보통 지수의 움직임에 연동하도록 펀드에 편입시킬 종목을 설정한 상품입니다.

인덱스펀드를 포함한 투자신탁 상품은 상장된 주식과는 달리, 일반적으로는 비상장 상태입니다. 따라서 대부분 100주씩 거래해야 하는 주식과는 달리 비교적 자유롭게 매매할 수 있는 장점이 있습니다(일본은 주식의 거래 단위가 거의 100주씩이다 - 옮긴이). 덧붙여 펀드 상품을 조성 및 운용하는 회사를 위탁회사, 판매 창구 역할을 하는 회사(은행, 증권회사, 우체국 등)를 판매회사, 투자된 자산을 보관 및 관리하는 신탁은행을 수탁회사라고 합니다.

그 자체가 증권거래소에 상장된 'ETF(상장 투자신탁)'라는 펀드도 있습니다. ETF거래는 주식과 마찬가지로 증권회사 등을 통해 거래소에 매매 주문을 넣는 형태로 진행됩니다. 일반 펀드와 거래 구조는 다소 다르지만, 초보자가 비교적 입문하기 쉬운 투자 상품이라고 할 수 있습니다.

적은 금액으로 시작할 수 있으며 개별 종목 연구도 필요 없다!

인덱스투자의 가장 큰 장점은 비교적 적은 자금으로 시작할 수 있다는 점입니다. 많은 일본의 증권회사가 인덱스형 투자신탁을 100엔부터 구입할 수 있게 했습니다. 보통 판매 좌수는 1만 좌이므로, 일반 인덱스펀드라면 1만 좌당 1만 엔 전후부터 구입할 수 있습니다. ETF의 경우는 상장 투자신탁으로서 주식과 같은 방법으로 거래하는데, 보통 1좌당 수백 엔이므로 소액 투자가 가능합니다.

이처럼 지수에 투자하는 상품은 비교적 적은 자금으로 분산투자가 가능하다는 특징이 있습니다. 만약 닛케이 평균주가지수에 포함된 225개 종목 모두를 하나씩 투자하려 들면 상당한 자금이 필요합니다. 하지만 인덱스펀드는 초등학생도 용돈을 모아 투자할 정도로 가볍게 시작할 수 있습니다.

요즘은 동전을 저금통에 넣는 대신 평소 장 보며 받은 거스름돈을 모아 인덱스펀드를 조금씩 사들이는 전업주부 투자자들도 있습니다. 편하게 소액을 투자하는 좋은 방법이라고 생각합니다.

도표24 · 닛케이 평균주가지수 변화(월말값)

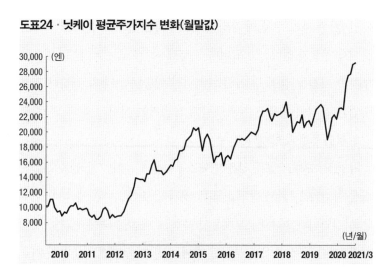

도표25 · 다우존스 산업평균지수 변화(월말값)

인덱스투자의 두 번째 장점은 주식투자를 할 때처럼 개별 종목을 분석할 필요가 없다는 점입니다. 요컨대 시간을 들이지 않고, 편하게 투자할 기회를 잡을 수 있다는 장점이 있습니다. 투자 공부나 정보 수집과 분석이 힘들고 부담스럽게 느껴지는 사람은 인덱스투자를 검토해도 좋을 듯합니다.

다만, 강조하고 싶은 것은 인덱스투자를 할 때는 '긴 안목으로 자산을 불린다'는 기본 방침을 절대 잊지 말고, 장기투자를 해야 한다는 사실입니다. 이른바 '오랫동안 묵히는' 투자를 해야 한다는 뜻입니다. 개별 종목 주식에 투자할 때와 마찬가지로, 결코 눈앞의 가격 변동에 일희일비하며 허둥거려서는 안 됩니다.

169쪽의 도표24와 도표25는 각각 닛케이 평균주가지수와 다우존스 산업평균지수의 최근 10년간 변화를 나타낸 것입니다. 미국과 일본의 대표적인 지수가 변화해온 과정을 서로 비교해보면, 모두 단기적으로 크게 변동을 보이기도 하면서, 10년 단위 장기로 볼 때 확실히 꾸준히 상승하며 성장하고 있음을 알 수 있습니다.

원칙 30

열매는 자면서 기다릴 것.
인덱스에 투자하고 놓아두면 자산은 불어난다!

31 | 미국인은 투자를 잘 안다는데, 사실인가?

미국에서는 유치원 때부터 금융 교육 시작!

주식투자를 시작해볼까 망설이는 사람들은 이런 질문을 많이 합니다.

"지금부터 투자와 경제를 공부해도 늦지 않을까?"

"원래 일본인은 주식에 맞지 않는 것은 아닐까?"

확실히, 일본 사람들은 저축을 좋아하고, 주식과 같은 수익성 상품에 자금 배분하기를 꺼리는 경향이 있습니다. 한국에서도 젊은 투자자들이 늘기는 했지만, 그만큼 수익성 상품의 위험성을 경계하는 사람들도 있습니다.

다음 페이지의 도표26은 일본은행이 일본·미국·유럽권 세 지역의 가계 금융자산 구성 비율을 비교하여 정리한 자료입니다. 이 자료에 따르면 일본에서는 현금 및 예금이 53.3%를 차지하고, 주식 등은 10.0%, 투자신탁은 불과 3.9%에 지나지 않습니다(최근에는 주가 상승도 있어 비율이 조금 바뀌었을 것이라고는 생각합니다만, 큰 경향은 변하지 않았을 것입니다). 한편, 미국은 현금 및 예금 12.9%인 데 비해, 주식 등은 34.3%, 투자신탁은 12.0%로, 일본과는 정반대인 구성을 보입니다. 미국만큼 극단적이지는 않지만, 유럽권에서도 현금 및 예금은 34.0%, 주식 등은 18.8%, 투자신탁은 8.8%입니다.

도표26 · 일본·미국·유럽권 지역의 가계 금융자산의 구성 비율 비교
출처 · 2019년 8월 29일 자 일본은행 〈자금순환의 일·미·유럽 비교〉

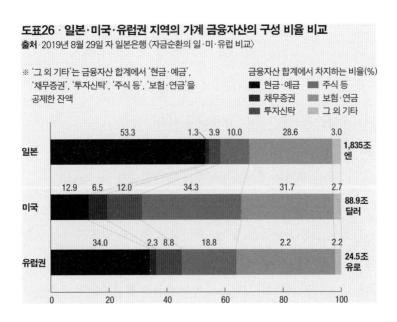

※ '그 외 기타'는 금융자산 합계에서 '현금·예금', '채무증권', '투자신탁', '주식 등', '보험·연금'을 공제한 잔액

금융자산 합계에서 차지하는 비율(%)
■ 현금·예금   ■ 주식 등
■ 채무증권   ■ 보험·연금
■ 투자신탁   ■ 그 외 기타

일본: 53.3 1.3 3.9 10.0 28.6 3.0 **1,835조 엔**
미국: 12.9 6.5 12.0 34.3 31.7 2.7 **88.9조 달러**
유럽권: 34.0 2.3 8.8 18.8 2.2 2.2 **24.5조 유로**

이런 차이는 도대체 왜 생기는 것일까요? 우선 가장 큰 원인은 미국이 인플레이션 국가라는 데 있습니다. 미국에서는 투자하지 않으면 돈의 가치가 계속 줄어듭니다. 하지만 일본에선 오랫동안 디플레이션이 지속되어왔습니다. 디플레이션이 계속되면 물건의 가격이 내려 돈의 가치가 오르기 때문에, 일부러 투자하지 않고 예금 및 적

금만 해도 자산의 실질적인 가치는 증가합니다. 이럴 때는 서툰 투자를 하는 것보다 현금을 보유하는 것이 자산을 지키는 데 더 유리할 수도 있습니다. 그러나 일본에서도 그 후 여러 가지 문제가 발생했습니다만, 1980년대 후반 버블경제가 한창일 무렵, 아주 짧은 기간이었지만, 많은 사람이 예금 및 적금에서 주식투자로 방향을 틀었습니다. 하지만 그 후 경제가 다시 디플레이션으로 접어들자 좋은 종목을 찾지 못한 사람들은 대다수가 투자를 그만두었습니다.

투자와 관련해 미국과 일본 사회에서 또 하나의 큰 차이는 바로 금융 교육입니다. 미국에서는 어릴 때부터 학교 수업 시간에 경제나 금융 교육을 해서 아이들의 돈·경제 리터러시(이해력)를 기르고 있습니다. 빠르면 무려 유치원부터 이런 교육을 시작합니다. 민간 비영리단체NPO인 전미경제교육협의회NCEE 등 몇몇 조직이 유치원에서 고등학교에 이르기까지 금융·경제 교육의 내용과 방향을 설정해 아이들이 현실적인 경제 관념을 키울 수 있도록 지원하고 있습니다. 이곳 아이들에게 경제 교육은 국어나 수학을 배우는 것처럼 아주 당연한 일입니다.

경제 교육에 관심이 많은 저는 미국 고등학교의 경제 교과서를 읽어보기도 했습니다. 내용이 알차고 깊어 '우리는 아직 여기까지는…'이라고 생각하며 부러워했습니다. 그런데 마침 이런 부러움을 더욱 자극하는 이야기를 듣게 되었습니다. 미국의 어느 주에 있는 초등학교에서는 아이들에게 신문을 읽히고, 어느 기업에 투자하고 싶은지를 그 이유와 함께 발표하도록 한다고 합니다. 그리고 아이들은 수업 뒷부분에서 자신이 택한 기업의 주가에 대해 살펴보며, 그 종목을 선택한 이유와 종목의 주가가 오르거나 내리는 이유에 대해서도 발표합니다. 이때 정치·경제적인 배경까지 함께 알아보며 공부한다니, 참으로 획기적인 내용이라는 생각이 듭니다.

이처럼 미국에서는 아이들이 사회에 나오기까지, 수입과 지출의 기본 관리법, 저축과 투자의 필요성, 또 신용카드나 퍼스널 체크(개인용 수표)의 사용법에 이르기까지, 실천적인 금융·경제 교육을 단계적으로 배워갑니다.

이에 비해 일본에서는 어떨까요? 도표27은 일본증권업협회가 발표한 〈중·고등학교 금융경제 교육 실태 조사 보고서〉에서 발췌한 것입니다. 이 자료에 따르면 일본 중학교 3학년 학생이 금융 교육을 받는 시간은 1년에 1~5시간 정도이고, 고등학생도 거의 같은 정도에 머물고 있습니다.

아무래도 일본에서는 아직도 '신성한 교육 현장에서 돈 이야기를 꼭 해야 하는가'라는 구태의연한 풍조가 남아 있는 것 같습니다. 그리고 기업가 정신을 가르치는 교육에 대해서도 뿌리 깊은 저항이 있다고 들었습니다. 하지만 앞으로 경제를 건강하게 만들려면, 그런 케케묵은 생각과 고정관념을 무너뜨리는 일부터 시작해야 하지 않을까요?

도표27 · 중·고등학교의 금융경제 교육 실태
주 · 수업 시수에 관해서는 담당 학년만 응답한 경우가 많아 유효 응답이 적어지기 때문에 무응답을 제외하고 집계함 **출처** · 일본증권업협회 〈중·고등학교 금융경제 교육 실태 조사 보고서〉

(2) 금융경제 교육 시간

현재 금융경제 교육의 연간 시수는 어느 정도인지 학년마다 응답해주십시오.

① 개관
학년별로 가장 많았던 시수는 다음과 같다.
중학교 1학년: 0시간(74.2%)
중학교 2학년: 0시간(58.2%)
중학교 3학년: 1~5시간 정도(44.6%)
고등학교 1학년: 1~5시간 정도(60.9%)
고등학교 2학년: 1~5시간 정도(49.3%)
고등학교 3학년: 1~5시간 정도(47.7%)

② 학교 및 담당 교과별
중학교에 비해 고등학교에서는 시수가 많아지고 있다. 고등학교는 과목에 따라 학년별 시수가 약간 다르고, 과목마다 고등학교 2학년이 되면 다소 감소하는 경향을 보인다. 덧붙여 유의할 사항은 중학교 사회에서는 공민적 분야를 3학년 때 학습한다는 것과 고등학교의 교과·과목에는 학년을 지정하지 않는다는 사실이다.
또한 고등학교 가정과에서는 학년이 지남에 따라 시수가 현저히 감소하고 있다.

미국 블랙록사의 조사에서 밝혀진 뜻밖의 사실

아동이나 청소년기의 경제 교육 이야기를 하면, '그래서 미국인들은 투자에 익숙하구나. 역시 우리는 어렵겠어'라고 지레짐작하는 사람들도 많습니다. 하지만 제가 말하고 싶은 것은 그 반대입니다. 왜 그런지는 다음과 같은 데이터를 보면 알 수 있습니다.

세계 최대의 자산 운용회사인 미국 블랙록이 2016년에 행한 〈ETF(상장 투자신탁) 의식 조사〉에 따르면, ETF 수수료가 다른 금융 상품보다 비교적 싼 것을 알고 있다고 대답한 미국인은 34%로, 전체의 3분의 1에 머무르고 있었습니다. 또, 채권 ETF와 해외 ETF를 아는 사람은 21%뿐이었고, 새롭게 산출되는 주가지수 추종 상품인 '스마트베타 ETFSmart β ETF(단순히 시장을 추종하지 않고, 특정 성향의 주식만 골라서 편입하는 ETF - 옮긴이)'에 대해 알고 있는 사람은 5%에 지나지 않았습니다.

참고로 스마트베타는 시장의 전체 평균값과 가격 변동을 대표하는 기존 시가총액 연동형 지수와 달리 매출액, 영업현금흐름, 배당금 등 재무지표와 주가 변동률 등 특정 요소에 근거해 편입한 종목으로 구성된 주가지수를 말합니다. 이름 그대로 '영리한 지수'라고 불리며 시장에서도 주목받았는데 이것을 아는 미국인은 거의 없었습니다.

또 세계 여러 곳에서 진행되는 '금융 리터러시 평가'를 통해 최근 알게 된 사실이 있습니다. 미국의 경우 이 평가 문제가 굉장히 쉽다고 합니다. 미국은 교육을 받을 수 있는 사람과 그렇지 못한 사람의 격차가 크기 때문인지, 누구나 정답을 맞힐 수 있도록 출제되고 있어 일본의 평가 문제와는 수준이 상당히 다르다고 합니다. 따라서 이런 테스트 점수만으로 미국인들이 전반적으로 금융 지식이 풍부하다고 보기 어렵다는 의외의 사실을 알게 되었습니다. 즉, 흔히 말하듯이 '미국인 대부분은 투자에 익숙하다'라는 말은 거짓말에 가깝다고 보아도 좋습니다. 결코 모든 미국인, 혹은 대부분의 미국인이 투자를 잘 아는 것은 아닙니다. 그 반대로 흔히 말하듯 '일본인이 투자에 적합하지 않다'라는 주장도 단순한 편견에 지나지 않으며, 아무런 증거도 없는 도시 전설 같은 이야기라고 볼 수 있습니다.

우리가 설령 지금은 금융이나 경제 지식이 많지 않다고 해도 투자를 포기할 필요는 없습니다. 투자하기에 이미 늦는 나이란 있을 수 없기 때문입니다.

앞서 이야기한 것과 같은 경제 환경 차이를 생각하면, 우리가 평균적으로 미국인들보다 뒤늦게 투자를 시작하는 것이 당연합니다. 게다가 지금부터 디플레이션 탈피를 목표로 여러 가지 경제정책을 실시할 것이므로, 투자가 필요한 환경으로 변해가리라고 충분히 예상할 수 있습니다.

지금부터 열심히 공부하고 제대로 된 지식을 쌓는다면, 누구든 자산 운용에서 다른 사람보다 유리한 위치에 설 수 있습니다. 물론 빠르면 빠를수록 좋지만 무작정 서두를 필요까지는 없습니다. 중요한 것은 본인의 의욕과 노력입니다! 단, 망설이는 시간은 아까우니까, 이왕 할 투자 공부라면 빨리 시작해봅시다.

원칙 31 의욕만 있으면 투자에 '늦은 나이'란 없다.

32 | 주식투자는 '프로가 이기고 개인은 지는' 세계가 아니다

이기는 사람도 있으면, 지는 사람도 있다

어느 세계나 '프로'라고 불리는 사람들이 있습니다. '프로페셔널'한 사람은 보통 '아마추어'에 비해 높은 전문성과 뛰어난 능력을 갖추고 있습니다. 그래서 보편적으로 아마추어가 프로를 이기는 것은 거의 불가능하다고 여겨집니다(물론 프로 이상으로 뛰어난 아마추어도 있고, 요행수로 이기는 경우도 있기는 합니다만).

투자의 세계에서 '전문투자가'라고 하면 은행이나 보험회사 등에서 일하는 기관투자가, 펀드매니저 등을 가리키는 말입니다. 이런 전문투자가들은 일반 개인투자가들이 상상하기 어려울 정도로 큰 자금을 운용하고 있습니다.

그렇다면 과연 우리 개인투자가들은 기관투자가[10]나 펀드매니저[11] 같은 전문투자가를 이길 수 없을까요? 많은 독자분이 '그렇다'고 대답할지도 모르겠지만, 사실 꼭 그런 것만은 아닙니다. 어떤 분야든 보통 사람이 프로를 이길 수 있는 요소가 여럿 있다는 사실을 잊어서는 안 됩니다. 이는 투자의 세계에서도 통하는 진리로, 예상치 못한 일은 늘 벌어집니다.

시장은 늘 불확실성이 지배하는 세계입니다. 이런 세계에선 뛰어난 능력의 프로라고 해서 항상 이기기는 어렵습니다. 그래도 독자 여러분 중에는 '프로들은 프로밖에 모르는 정보를 재빨리 입수할 수 있을 것이다'라고 생각하는 분들도 있을지 모릅니다. 하지만 그런 생각은 잘못된 것입니다. 만약 그런 비밀 정보를 미리 입수해 투자하면 내부자만이 알 수 있는 정보에 지나지 않기 때문에, 그것으로 수익을 올리면 범죄 행위입니다. 물론 금융 후진국일수록 내부자 거래나 작전주가 큰 문제를 일으키기도 하지만, 이 책에선 그처럼 부패한 영역은 다루지 않겠습니다.

다시 처음 이야기로 돌아와 주식투자에서 프로가 항상 이긴다면, 한 사람의 펀드매니저가 주식이나 채권 등 투자처를 혼자서 결정해 운용하는, 이른바 액티브펀드 12)가 손해 보는 일은 없을 것입니다.

---

10) 많은 개인투자가가 내놓은 거액의 자금을 사용해 주식이나 채권 같은 유가증권 등에 투자해 운용하는 대규모 투자가. 생명보험회사, 손해보험회사, 신탁은행, 보통은행, 신용금고, 연금기금, 공제조합, 농협, 정부 및 금융기관 등과 같은 법인을 말하며 보통 단기 매매를 하지 않는다.

11) 투자신탁을 운용하는 전문가. 운용회사에 소속되어 업무를 하며, 투자신탁의 운용 방침에 따라 시장과 종목을 분석한다. 그리고 그 결과에 따라 종목 선정 및 편입 비율과 매매 시기를 결정하며, 투자가로부터 위임받은 자산을 운용한다. 하나의 투자신탁을 복수의 펀드매니저가 담당하기도 하고, 1명의 펀드매니저가 복수의 투자신탁을 담당하기도 한다.

12) 운용 담당자가 성장성이 높은 주식, 채권, 기타 유가증권 등을 발굴해 투자 비율과 매도 시점을 결정하는 투자신탁을 말한다. 일반적으로 액티브펀드는 시장수익률보다 높은 수익을 올리기 위해 공격적으로 운용한다.

하지만 현실은 그렇지 않습니다. 주위에서 "그 펀드 말이야. 기대하고 샀는데 크게 손해 봤어!"라고 한탄하는 사람을 종종 볼 수 있습니다.

전문투자가라 해도 질 때가 있는 법입니다. 그것은 투자의 세계에서 일하는 사람들의 숙명과도 같은 것입니다. 그 누구도 시장에 참가하는 무수한 사람들의 기대가 얽혀 있는 이 세계의 흐름을 완벽하게 읽어낼 수는 없습니다. 아무리 투자 이론이 발달하고, AI의 예측 기술이 진화한다 해도, 정치나 자연재해까지 얽혀 있는 글로벌경제의 돌발 상황이나 인간의 미묘한 투자 심리까지 모두 정확하게 예측할 수는 없습니다. 따라서 이기기도 하고, 때로는 지기도 하는 것은 전문투자가나 아마추어인 일반 개인투자가나 별반 다를 것이 없습니다.

자신의 생계를 걸고 매일 투자하는 전문투자가

그렇다면 전문투자가와 아마추어 개인투자가는 어디가 어떻게 다른 것일까요? 가장 중요한 차이점은 전문투자가는 시세가 좋든 나쁘든, 보관자산을 계속 운용하지 않으면 안 된다는 사실에 있습니다. 게다가 그 자산의 규모는 개인투자가와 비교도 안 될 정도로 어마어마하게 큽니다. 전문투자가들은 그 일로 많은 보수를 받기 때문에 단 하루라도 '오늘은 시세가 안 좋아서'라든지 '몸이 안 좋아서'라는 이유로 투자를 쉬면 안 됩니다.

시세가 좋을 때는 아무 문제가 없습니다. 시장이 상승세라면, 그냥 내버려 두어도 오르니 전문투자가든 개인투자가든 안심하고 여유 있게 시장을 바라볼 수 있습니다. 그러나 일단 시세가 무너져버리면 전문투자가는 큰일이 납니다. 만일 시장이 폭락하면 순식간에 막대한 자산이 사라져버립니다. 그런 긴급 사태에 대한 스트레스를 늘 떠안고 투자하는 전문투자가들이 받는 심적 부담은 일반인들의 상상을 초월하는 수준이라고 할 수 있습니다. 이번 코로나 사태 초기에도 일시적으로 주가의 급락이 있었습니다. 만일 이런 하락세가 장기간 계속되면 전문투자가들은 하루하루가 지옥일 것입니다. 주가는 날마다 떨어지는데 그런 가운데서 어떻게든 손실을 최소한으로 막으면서, 운용 성적을 올려야 하니 그야말로 위에 구멍이 뚫릴 것 같은 기분으로 매일매일 대응에 쫓기게 됩니다. 물론 이런 순간에 전문투자가로서의 솜씨를 보여주는, 그야말로 유사시에 강한 사람도 있기는 하지만, 그렇지 못한 사람들이 더 많은 것이 현실입니다.

게다가 조직에 고용된 전문투자가들은 운용 기간을 정해놓고 고용계약을 맺기 때문에, 매년 결과를 추궁당하는 어려움이 있습니다. 당연히 이때 운용 성적이 나쁘면 해고당하는 것은 불을 보듯 뻔한 일입니다. "5년 뒤에는 반드시 올라갑니다"와 같은 장밋빛 전망이 통하지 않는 곳이 바로 전문투자가의 세계입니다. 게다가 늘 설명할 책임을 지고 있어 주가가 떨어졌을 때는 일단 손해를 키우지 않기 위해 바로 손절하거나 굳이 '내 목을 걸고 사겠다'는 입장에 설 수 없는 등 여러 가지 제약이 있습니다.

언제나 자유롭게 쉴 수 있는 개인투자가

한편, 개인투자가는 어떤가 하면 투자를 그만두고 싶으면 언제든지 그만둘 수 있으며, 중간중간 쉴 수도 있습니다. 운용자산도 전문투자가보다 훨씬 작은 액수입니다. 주식투자에서는 '쉬는 것도 투자'라는 격언이 있습니다만, 이는 개인투자가에게만 적용할 수 있을 것입니다. 실제로 저도 '이 종목은 아무래도 잘하지 못하겠다'라는 생각이 들면, 일단 그 종목에 대한 투자는 잠시 쉽니다. 그런데 전문투자가들은 이렇게 쉴 틈이 없습니다. 날마다, 일주일마다, 한 달마다, 분기마다 항상 실적을 보여주어야 하고, 최후에는 결산이 기다리고 있기 때문입니다.

그런 점에서 개인투자가들은 편안합니다. 물론 소중한 자산을 운용하고 있으니 걱정이 전혀 없는 것은 아닙니다. 하지만 적어도 타인의 자산을 맡아 '생계유지를 위한 직업'으로 투자하는 것이 아니기 때문에 언제든 원하는 종목을 형편이 닿는 대로 사고팔 수 있습니다.

사실 어떤 종목을 고르든 거기에는 아무런 제약이 없다는 점이 개인투자가가 전문투자가와 크게 다른 점입니다. 이것은 아마추어 개인투자가만이 누릴 수 있는 이점이기도 합니다. 예를 들어, 29장에서 소개한 신흥 벤처기업 등 소형주에 대한 투자가 그 대표적인 경우입니다. 대형주에 비해 소형주는 발행주식 수가 적기 때문에 유동성이 작습니다. 따라서 거액의 자산을 운용하는 전문투자가에게는 적합하지 않은 투자처입니다. 하지만 개인투자가라면 장래의 성장을 기대하면서, 자유롭게 조금씩 구입할 수 있습니다. 이런 점에서 아마추어 개인투자가는 아마추어 나름의 '승리 방정식'을 가지고 있다고 볼 수 있습니다.

원칙 32 개인투자가만의 이점을 살리는 투자를 하자!

33 | 오르는 주식의 공통 조건
– 초보자를 위한 분석 방법

투자처를 찾는 4개의 조건

29장 〈'글로벌한 사업을 하지 않는 대기업'은 지나쳐도 된다〉에서
국내 주식투자는 대기업이 아닌, 장래의 성장을 기대할 수 있는 신
흥기업(소형주)에 주목하자고 제안했습니다. 그럼 구체적인 종목을
찾아내는 방법에 대해 조금 더 자세하게 설명하겠습니다.

　과거 주가의 방대한 데이터를 분석해보면, '오르는 주'에는 몇 가지
조건이 있다는 것을 알 수 있습니다. 대부분 이 몇몇 조건에 해당하는
기업(종목)이, 해당하지 않는 기업보다 주가가 크게 상승하는 경우를
많이 볼 수 있습니다. 그 차이가 통계학적으로도 유의미한 격차를 보
인다는 것은 수많은 실증 연구에 의해서도 밝혀지고 있습니다.

　몇 가지 조건 중에서 특히 주식투자 초보자에게 권하는 것은 다음
네 가지 사항을 만족시키는 투자 후보를 찾는 방법입니다.

① IPO(신규 주식공개)를 한 후 10년 이내의 기업일 것

② 사장 또는 CEO가 창업자일 것

③ 사장 또는 CEO가 일정 비율 이상의 자사주를 소유하고 있을 것, 즉 오너 경영자일 것

④ 시가총액이 5,000억 원 미만일 것

이 조건들은 주가가 오른 기업들이 가진 공통된 '소질' 같은 것입니다. 이 중에서 ①과 ④는 기업의 성장력과 관련된 조건입니다. 기업이 아직 젊어서 성장성이 큰지 그렇지 못한지를 판단하는 재료가 됩니다. ②와 ③은 의사결정decision making 속도와 관련된 성장 조건입니다. 창업자가 경영의 모든 실권을 쥐고 있는 오너경영기업은 대기업보다 의사결정 속도가 빠른 경향이 있습니다. 무슨 일이든 톱다운top-down으로 즉시 결정할 수 있기 때문입니다. 요즘 같은 변화무쌍한 시대에는 이처럼 빨리 의사결정을 할 수 있다는 것도 아주 큰 무기입니다.

하지만 그만큼 양날의 칼이기도 합니다. 오너인 경영자가 판단을 잘못하면, 규모가 아직 작은 기업인 만큼 순식간에 기울어지는 일도 많습니다. 이 점은 소형주가 가진 가장 큰 위험 요인이라고 할 수 있습니다.

어쨌든 위의 네 가지 조건은 간단하기 때문에 초보자도 이해하기 쉬울 것입니다. 투자 전에 기업이 이 네 가지 조건을 충족시키는지

를 판별해 거르는 것만으로도 투자처 후보를 꽤 좁혀나갈 수 있습니다. 이런 기초 작업이 끝난 뒤에는 다음 시대의 트렌드를 나름대로 분석해 그에 맞는지를 살펴보는 것도 중요합니다. 그리고 응원하고 싶은 기업이나 사업 내용을 잘 이해할 수 있는 기업 등을 골라서 선택하면 좋습니다.

'10배 오를 종목'을 꿈꿀 수는 있지만, 리스크도 크다!

주식투자의 세계에서는 흔히 '텐배거ten-bagger'라는 말이 화제가 됩니다. 영어로 '10루타'라는 뜻으로 주가가 10배가 된 종목을 말합니다. 일본에서는 위의 네 가지 조건을 채운 기업 중에서 수많은 텐배거 종목이 탄생했습니다. 성장성이 크고 우량한 중소기업들이 많이 상장되어 있는 도쿄 증권거래소의 마더스에서 텐배거를 달성한 종목을 보면, 그 대부분이 IT나 의료·건강 관리와 관련된 성장 분야에서 나오고 있습니다. 이들 신흥 벤처기업들은 시대의 요구를 정확하게 파악한 경영 전략이나 연구개발력과 기술력으로 시장의 높은 평가를 받고 있습니다.

다만 거듭 강조하지만, 저는 결코 이들 특정 종목을 추천하는 것은 아닙니다. 주가가 급등하는 급성장 벤처에는 반드시 위험이 따른다는 사실도 항상 잊지 말아야 합니다. 한 가지 사례를 들자면, 최근 일본에 텐배거 달성의 영광과 그 후의 좌절을 단기간에 롤러코스터처럼 구현한 기업이 있습니다. 바로 유명한 '이키나리스테키' 사업(질

좋고 싼 스테이크 전문점으로 한때 인기를 끌었다-옮긴이)을 운영한 페퍼푸
드서비스Paper Food Service입니다. 이 회사는 2006년 9월 도쿄 증권거래
소의 마더스에 상장해, 2017년 5월에 도쿄 증권거래소 2부로 시장을
바꾸었고, 같은 해 8월에 도쿄 증권거래소 1부로 승격했습니다. 마
더스 상장에서 출발해 2부로 시장을 바꿀 때까지 10년 만에 이 기업
의 주가는 보기 좋게 텐배거가 되었습니다.

　하지만 최근 이 기업은 혼란스러운 행보를 보였습니다. 종업원들
이 거듭 불상사를 빚어내는 데다가, 연이은 신규 사업 개발과 무리
한 국내외 점포 개설로 실적 부진에 허덕이고 있습니다. 현재는 이
키나리스테키 매장의 대량 폐점, 주력 사업이던 '페퍼런치' 사업 매
각 등 구조 조정을 단행하며, 사업 재건에 애쓰는 중입니다. 주가도
책 집필 시점인 2021년 4월에는 300엔 안팎으로 바닥에서 헤매고
있습니다.

　만약 이 기업이 마더스에 상장할 때 주식을 샀다가 최고가에 오른
2017년경 매각했다면 큰 수익을 얻었을 것입니다. 반대로 판매 시점
을 놓쳐 지금도 계속 가지고 있다면, 상당한 손해를 보는 중일 것입
니다.

　갖고 있는 주식을 언제 팔지 결정하는 '매도 타이밍'을 잘 잡는 것
은 정말 어려운 일입니다. 캐피털 게인을 노린 단기투자일 경우는
물론이고, 오랫동안 계속 주식을 보유하는 장기투자의 경우에도 언
젠가는 팔아야 할 시기가 오기 때문에 지금부터 진지하게 준비해둘

필요가 있습니다.

매도 시점 판단법에 대해서는 뒤에서 자세하게 설명하겠습니다.

원칙 33 주식투자는 몇몇 조건을 충족시키고 있는지부터 확인하자.

34

주식투자의 유일한 법칙,
조건에 맞으면 사고
벗어나면 판다

가격 변동기에 사고팔지 않는다

주식투자를 하는 사람이라면 누구나 주가가 바닥에 있을 때 사고,
천장까지 오를 때 팔고 싶어 합니다. 하지만 이런 매매 기술은 전문
투자가도 하기 어려운 신의 영역이라고 할 수 있습니다. 내일 무슨
일이 일어날지 모르는 것처럼, 내일 무슨 일로 주가가 폭락할지는
아무도 예측할 수 없습니다. 만일 주가 변동 타이밍을 정확하게 예
측하는 방법이 있다면, 주식투자로 손해 보는 사람도 사라질 것입니
다. 하지만 전문투자가들도 하루아침에 큰 손실을 보는 것이 주식투
자의 세계입니다.

사실 가격 변동 타이밍을 보고 주식을 매매해 큰돈을 벌거나 손해
를 보는 것은, 투자라고 할 수도 없습니다. 투기입니다. 주가가 올랐
다느니 내렸다느니 하며, 일희일비하는 투기꾼 같은 태도로 하는 주
식투자는 결코 자산을 키워주지 않습니다.

하지만 매매 타이밍이 잘못되지 않도록 도와주는 법칙은 한 가지 있습니다. '조건에 맞는 종목을 사서 조건에 맞지 않게 되면 판다'입니다. 이 간단한 법칙이야말로 '투자'의 본질이라 할 수 있습니다.

여기서의 '조건'이란 앞에서 말한 오르는 주식의 네 가지 조건이 아니라, 그것을 기초로 스스로 세운 '나만의 투자 조건'을 말하는 것입니다. 예를 들어, '내가 좋아하는 상품을 만들기 때문에'라든지, '여성이 활약하는 회사라서'라든지, '환경을 생각하는 경영 철학에 공감할 수 있어서' 등 나만의 '기업을 응원하는 전제 조건'이라고 바꿔 말해도 됩니다. 조금 수고스럽기는 하지만, 투자하기 전에 이런 조건을 확립해두는 것이 기본입니다.

다시 강조하자면, 눈앞의 수익만 추구하는 행동은 단순한 투기일 뿐입니다. 투자는 자신이 생각하는 조건에 맞는 종목을 골라 자금을 투입한 뒤. 장기적인 성장과 이윤을 차분히 추구하는 것입니다. 그러고 보면 단기투자는 어쩌면 투자의 본질과 모순되는 말일 수도 있습니다. 단기적인 가격 변동만을 보고 매매 시기를 판단하는 단기투자는 사실 투기에 가까운 행동이라고 해도 과언이 아닙니다.

매도 시점 판단 예1 - 좋아하는 상품 및 매장이 사라졌을 때

그러면 '응원 조건에 들어맞지 않게 되었을 때'가 어떤 경우인지 앞에서 언급한 페퍼푸드서비스를 예로 들며 생각해봅시다.

만일 우리가 이키나리스테키나 페퍼런치의 음식을 좋아해 자주 갔기 때문에 이 기업의 주식을 상장 때 매수했다면, 그런 투자 판단은 어떤 조건을 만족시키고 있는 것일까요? 아마도 '실적을 올려 수익이 늘어날 것이다'라는 투자자로서의 기대와 함께 '매장을 더 늘리거나 맛이나 서비스를 좀 더 발전시켰으면 좋겠다. 그러면 더 자주 가고 싶어질 거야'라는, 팬으로서의 기대도 품었을 것입니다. 이런 기대는 투자자로서 그 기업을 응원하는 조건이라고도 할 수 있습니다.

그런데 상장 후 페퍼푸드서비스의 사업 상황을 보면, 중간까지는 순조로웠지만 무리한 사업 확장과 신규 매장 확대로 갑자기 어려움을 겪게 되었습니다. 결국 이키나리스테키는 점포망을 대폭 축소했고, 페퍼런치는 통째로 다른 회사에 매각해버렸습니다.

보통 이때가 이 기업의 주식을 매도할 타이밍이라고 할 수 있습니다. 일단 예전과 같은 맛과 서비스는 바랄 수 없다고 예상되기 때문에 첫 번째 응원 조건에서 벗어났습니다. 물론 아직은 이키나리스테키 사업은 계속해나갈 테니, 분명히 경영 상태가 회복되리라는 믿음이 있다면 급하게 팔 필요는 없습니다. 여러 가지 조건을 볼 때 아직 이 기업을 응원할 마음이 있다면, 눈앞의 주가 따위는 신경 쓰지 말고 그대로 계속 주식을 가지고 가면 됩니다. 어느 쪽을 선택할지는 앞으로 이 기업이 어떻게 경영 회복에 나설지에 대한 나의 분석과 그에 따라 아직도 응원하고 싶은 마음이 생기는지에 달려 있습니다.

매도 시점 판단 예2 - 창업 사장의 퇴임

'응원 조건에 들어맞지 않게 되었을 때'의 또 다른 경우는 창업자 겸 경영자가 물러나는 것입니다.

하이테크 계열 벤처기업인 X사의 주식을 상장 때 매수했다고 칩시다. 이 회사의 창업 사장인 Y는 강렬한 개성과 리더십으로 기업의 성장을 이끌어온 오너이자 경영자입니다. 상장 후에도 기업 실적은 계속 성장 중이라 주식을 보유하는 데 아무런 불안도 없었습니다.

그런데 어느 날 갑자기 이 기업이 M&A(합병·매수)를 통해 다른 회사에 인수될 거라는 사실을 알았습니다. 창업자이자 사장인 Y는 퇴임하는 동시에 자신이 가진 회사 지분을 모두 매각하고 경영에서 물러나겠다고 합니다. 자, 어떤 결정을 하겠습니까?

이 경우도 결국 주주인 우리 자신이 판단하기 나름입니다만, 기본적으로는 매도 시점이라고 생각합니다. 왜냐하면 회사의 얼굴과 같은 존재인 카리스마형 창업자가 경영에서 물러날 경우, 이후의 경영 전략뿐만 아니라 기업 문화나 기업 풍토까지 크게 바뀔 수 있기 때문입니다. 이처럼 간판은 같아도 속은 전혀 다른 회사가 되면 최초의 응원 조건에서 벗어나는 것이므로 투자를 지속할지를 다시 생각해보아야 합니다.

요컨대, 투자처를 선택하는 조건에는 실적 데이터와 같이 숫자로 계측할 수 있는 정량적인 것이 있고, 숫자로는 파악하기 어려운 정성적인 것이 있습니다. '좋아하는 가게가 사라진다'와 '창업 사장이 물러난다'와 같은 응원 조건의 변화는 정성적 판단을 요구하는 전형적인 예입니다.

응원 조건을 결정하는 데 중요한 것은 조건을 복수로 설정하는 것입니다. 단, 너무 많은 조건을 고려하면 이야기가 복잡해져 판단을 내리지 못할 수도 있습니다. 몇 개 정도가 적절한지는 사람마다 다르니 일률적으로 말할 수는 없습니다. 하지만 투자에 앞서 최소한의 몇 가지 조건을 정해두면, 그것에 비추어 매매 시기를 살펴볼 수 있어 투자가 비교적 쉬워질 것입니다.

원칙 34 매매 타이밍은 '가격 변동'이 아니라 '응원 조건'으로 판단한다.

35 | 주가는 항상 틀리므로 무시해도 된다

주가를 결정하는 건 '투자 심리'

상장사의 주가는 대체 누가 결정하는 것일까요? 기업의 경영자일까요? 아니면 오너나 대주주일까요? 그것도 아니면 기업 실적에 따라 결정될까요? 모두 틀렸습니다. 주가는 시장에서 거래하고 있는 투자자들이 결정합니다. 정확히 말하면 투자 심리, 즉 투자자의 마음이 주가를 결정합니다.

그렇다면 과연 주가란 무엇일까요? 저마다의 이유로 주식을 팔고 싶은 사람과 사고 싶은 사람이 있는데 그 사람들 사이에 매매가 성립되었을 때 주고받는 금액이 주가입니다. 당연히 팔려는 사람은 1원이라도 더 비싸게 팔고 싶고, 살려는 사람은 1원이라도 더 싸게 사고 싶은 것이 사람의 심리입니다.

보통 주식을 사려는 이유는, 그 회사가 자신만의 투자 조건에 맞기 때문(대전제)이기도 하지만, 사도 좋은 가격이라는 생각이 들었기 때문입니다. 그런데 같은 회사 주식을 많은 사람이 사고 싶어 하면, 수요공급의 법칙에 따라 당연히 주가가 오르게 됩니다. 흔히 '이 회사의 좋은 점을 알게 되었다. 장점에 비하면 지금 주가는 저렴하다'라는 생각에 매수 버튼을 누르지만, 그 시점에선 이미 많은 사람이 같은 정보를 알아내, 똑같이 매수 버튼을 누르고 있습니다. 나만 깨달은 사실이라고 자신만만하게 매수했다가는 결국 이미 올라버린 주가에 물리기 쉽습니다.

심지어 개인투자가들이 어떤 판단 재료를 입수해 '이 회사 좋은데!'라며 자신 있게 매수한 시점이 오히려 최고가인 경우도 있습니다. 왜냐하면 이미 그 정보를 알고 있는 투자의 고수들이 대량으로 매수해 기다리다가 주가가 오른 뒤 팔아버릴 가능성이 크기 때문입니다. 따라서 주식을 좋은 가격에 매수하려면 아무도 모르는 그 회사만의 매력을 재빨리 알아차릴 필요가 있습니다. 그리고 매수 버튼을 누르기 전에 다시 한번 '이건 모두가 이미 알고 있는 정보가 아닐까?' 하고 되물어보아야 합니다. 또, '주가는 이미 그런 호재를 반영해 올라버린 것은 아닐까?'라고도 자문해보아야 합니다. 그리고 이런 질문에 정확히 답하려면, 역시 평소에 열심히 투자 관련 지식을 쌓으며 공부해두는 수밖에 없습니다.

그런데 적절한 주가에 대해 다른 각도에서도 생각해볼 여지가 있습니다. '애초에 왜 투자가는 그 기업의 주식을 사고 싶어 하는 것일까?'라는 관점에서 보자면, 이유는 간단합니다. 수익을 올리고 싶기 때문입니다. 앞으로 주가가 상승하면 얻는 캐피털 게인과 주식 배당금으로 얻는 인컴 게인을 기대하기 때문에, 그 종목에 투자하는 것입니다.

예를 들어, 전부터 관심을 가지던 종목의 주가가 올라갔다고 합시다. 그러면 어떤 생각이 들까요? 아마 가격이 올라버렸으니까 시세가 안정될 때까지 기다렸다가, 조금 더 내려가면 사야겠다고 생각할 것입니다. 당연히 세상의 보통 투자가들은 모두 이런 생각을 하지 않을까요?

그런데 여기서 주가가 내려가지 않고 오히려 슬금슬금 계속 올라가면, '아 그때라도 살걸' 하고 후회합니다. 만일 반대로 주가가 내려가면, 오히려 이번에도 주식을 사지 못할 가능성이 큽니다. 왜냐하면 좀 더 떨어질 것 같아서 기다려보자는 마음이 생기기 때문입니다. 오르면 올라서 못 사고, 떨어지면 떨어져서 못 사는 것이 많은 투자자가 겪는 딜레마입니다. 눈앞의 주가만을 쫓으며 기분이 흔들리다 보니 좀처럼 좋은 매수 타이밍을 잡을 수 없는 것입니다. 이것은 주식을 매도할 때도 마찬가지입니다.

그리고 주가가 이처럼 우리 뜻대로 움직이지 않는 이유는 거래에 참여하는 몇천, 혹은 몇만 명의 투자가가 우리와 똑같이 생각하고 똑같이 행동하고 있기 때문입니다. 우리처럼 고민하고 망설이는 많은 투자자의 심리가 서로 영향을 주고받으며 때때로 증폭하기도 하면서 주가가 결정되는 것이 바로 주식시장입니다.

소로스도 "주가는 항상 잘못되었다"고 한다.

천재 투자가인 조지 소로스George Soros는 '재귀성 이론'을 바탕으로 사람의 심리가 주식시장에 미치는 영향을 이야기합니다. 이 이론에 대한 자세한 사항은 다른 서적 등을 통해 스스로 공부해보시기 바랍니다. 간단히 몇 줄로 정리하자면, 다음과 같습니다.

주가는 항상 잘못되어 있다. 그 이유를 살펴보면, 이렇다. 예를 들어 주가가 1,000원에서 1,500원이 되면, 주가가 오를 것 같으니까 매수하려는 사람이 생긴다. 그 결과 주가는 2,000원이 된다. 이번엔 주가가 2,000원이 되었으니, 빠른 가격 상승에 놀라 자신도 추세에 올라타 수익을 보려고 매수하려는 사람들이 또 나타난다. 결국 주가는 2,500원까지 오르고 만다. 이제 원래 1,000원이었던 주가는 어디론가 사라져버리고, 주식 본래의 가치와 주가 사이에는 괴리가 생기게 된다. 즉, 주가가 움직인 후 그것을 보고 사거나 팔려는 사람들이 나타나기 때문에, 이런 현상이 연쇄적으로 발생하다 보면, 지금 주가는 원래 가치와는 다른 것이 되고 만다. 이처럼 항상 본래의 가치와는 다른 곳에서 움직이는 것이 주가라고 볼 수 있다.

재귀성 이론은 주가가 내려갈 때도 마찬가지로 적용됩니다. 주가가 내려가면 더 떨어지기 전에 팔려는 사람들이 생깁니다. 그러면 이 사람들 때문에 주가는 더 떨어지고, 그럼 또 계속 하락하는 추세로 변하는 것이 두려워 황급히 팔려는 사람들이 더 나타나게 됩니다. 이런 현상이 연쇄적으로 발생하면 주가는 계속 떨어져 본래의 가치와는 괴리가 생기고 맙니다.

원래, 주식을 팔거나 살 때는 본래 가치와 비교해서 싼지 비싼지를 판단하고, 사거나 팔아도 좋은지를 결정해야 합니다. 하지만 막상 주식시장에선 지금 이 순간의 주가가 어떻게 움직이는지만을 보고 팔거나 사려는 사람들이 대부분입니다. 그리고 이런 사람들 때문에 주가는 예상보다 오르거나 떨어져서 결국 '주가는 항상 잘못되어 있다'고 할 수밖에 없게 됩니다.

주가는 결국 인간의 기대와 실망의 곱셈으로 결정됩니다. 그리고 이 기대와 실망은 사람의 심리이기 때문에 항상 분위기나 주변 상황에 좌우되어 오르락내리락합니다. 또, 이런 인간 심리는 그 누구도 정확하게 읽어내기가 어렵습니다. 따라서 이런 것을 애써 읽어내려고 에너지를 낭비하기보다는 그냥 무시해버리는 것이 좋습니다.

현명한 투자자가 살펴보아야 할 것은 주가가 아니라 주가에서 사람의 감정을 제거한 부분, 즉 회사가 올리는 수익과 실적입니다. 특히 현재뿐만이 아니라, 앞으로 올릴 것으로 전망되는 수익에 주목해야 합니다. 극단적으로 말하자면 기업의 현재 주가는 무시하고, 지금 얼마나 벌어들이고 있고, 또 앞으로 얼마나 벌 수 있는지만을 본다고 생각하면 됩니다.

코로나 사태 속 세계적 주가 상승은 왜 일어나는 것일까?

코로나 사태로 전 세계가 어려움을 겪고 있는데도 불구하고, 전 세계 주가는 어느 시장에서나 크게 올랐습니다. 왜 이처럼 경제 현실과 맞지 않는 현상이 일어나고 있는 것일까요?

중앙은행이나 미국 FRB(연방준비제도이사회) 등 통화정책 당국이 시중에 돈을 많이 풀면서 그 돈이 주식시장으로 흘러 들어온 것도 큰 원인이지만, 또 다른 이유는 '코로나 사태가 종식되면 세계경제가 다시 힘차게 상승할 것'이라는 전 세계 투자자들의 기대가 배후에서 작용하고 있기 때문이라고 생각합니다.

이처럼 주가는 반드시 눈앞의 기업 실적을 직접 비춘 가격이 될 수 없고, 기업 가치와 일치하는 것도 아닙니다. 주가는 기업 가치에 투자 심리가 곱해져 결정되는 것이며, 투자가의 기대 심리나 시세를 예측하려는 마음이 때때로 가격을 왜곡시킵니다. 즉, 주가는 항상 잘못되어 있다고 볼 수 있습니다. 부디 이 사실을 잘 기억해두시기 바랍니다. 그리고 그 언제가 되든 우리가 직접 투자할 때, '바른 주가' 혹은 '바른 매수세' 같은 것은 없다는 것을 알아두십시오. 앞에서도 강조했듯이 지식과 정보를 바탕으로 '내가 설정한 조건'에 맞는 종목이라면, 눈앞의 가격 변동 등을 무시해도 괜찮습니다. 사려고 생각한 순간 사면 됩니다. 중요한 것은 '앞으로 이 기업이 어떻게 될 것인가'이며, 현재의 가격 변동이 아니기 때문입니다.

덧붙여 말하자면, 주가에는 '이론 주가'라는 것이 있습니다. 이론 주가는 기업 가치를 발행주식 수로 나눈 값으로, '1주당 기업 가치＝주주 가치'라는 생각에 근거하고 있습니다. 이 계산식으로 구한 주가는 장부를 근거로 산출한 주가입니다. 이에 대한 자세한 내용은 37장에서 설명하겠습니다.

원칙 35 주가가 예측대로 되지 않는 이유는
다른 사람들도 나와 똑같이 생각하기 때문이다.

36 | 주가 차트는 과거의 기록, 내일은 아무도 모른다

과거 기록으로 미래를 내다볼 수 없다.

주식투자에 따라다니는 '주가 차트'는 도대체 무엇을 나타내는 것일까요? 한마디로 말하자면, 주가의 움직임을 나타낸 도표입니다. 주가 차트를 보면 과거에 어떤 거래가 이루어졌고, 어떤 식으로 가격 변동이 이루어져 왔는지를 한눈에 볼 수 있습니다.

자, 여기서 문제를 하나 내보겠습니다. 다음 차트를 보고 앞으로 도표28에 나타난 선이 어떻게 변해갈지를 예측해보세요. 위쪽으로 올라가는 상승세를 탈까요? 아니면 아래쪽으로 내려가는 하향세를 그릴까요? 당연히 이 차트만으로는 알 수가 없다고 답하시는 분들이 많을 것입니다.

맞습니다. 정답입니다! 저도 똑같이 대답하겠습니다. 그런데 이런 그래프만 보고서 앞으로 펼쳐질 변화를 예상하는 사람들이 투자의 세계에 있습니다. 흔히 '차티스트'라고 불리는 사람들입니다. 이 사

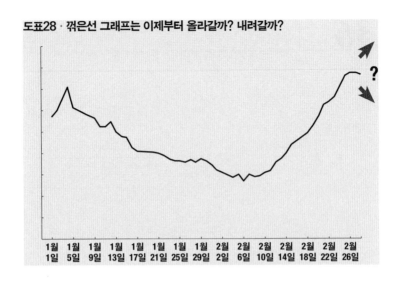

도표28 · 꺾은선 그래프는 이제부터 올라갈까? 내려갈까?

1월	1월	1월	1월	1월	1월	1월	1월	2월	2월	2월	2월	2월	2월	2월
1일	5일	9일	13일	17일	21일	25일	29일	2일	6일	10일	14일	18일	22일	26일

람들은 개별 종목의 차트뿐만 아니라, 인덱스 차트, 때로는 GDP를 비롯한 경제지표 등을 종횡으로 비교 대조하거나, 또 '캔들'이라든가 '이동평균선'이라는 여러 가지 툴을 구사하면서 향후 주가를 예상합니다. 그리고 이런 방식을 '기술적 분석'이라고 합니다.

물론 차트 같은 자료를 보며, '과거에 이러했으니까 앞으로는 이렇게 되겠지'라고 예상할 수도 있습니다. 혹은 차트를 사용하여 거래량, 가격 변동 폭, 신고가, 신저가 등을 한눈에 보고 투자 심리까지 분석하는 사람도 있습니다. 독자 여러분 중에도 신문의 주식란에서 '신경질적인 거래가 계속되고 있다'는 표현을 볼 때가 종종 있을 것입니다. 주식시장에서 벌어지는 이런 심리적인 공방을 분석할 때 자주 이용되는 것이 바로 주가 차트입니다.

하지만 예상은 어디까지나 예상에 지나지 않습니다. 주가의 흐름이 반드시 차티스트의 예상대로 된다고는 볼 수 없습니다. 오히려 그렇게 되지 않는 경우가 더 많습니다. 이렇게 될 수밖에 없는 이유는 차트를 이용한 분석이 과거의 데이터 분석이라기보다는 데이터를 재료로 한 심리전 분석이기 때문입니다.

투자를 심리전으로 보는 매매는 진정한 투자라고 보기 어렵습니다. 투자는 원래 가치를 창출하는 종목을 발굴하고, 그 종목을 가능한 한 본래의 가치보다 낮은 가격으로 매입한 뒤 보유하며 성장을 지켜보는 과정입니다. 그런데 이런 과정 없이 단순히 심리전 분석을 하는 투자는 스릴을 즐기는 도박에 가깝다고 생각합니다.

다이어트도 투자도 올바른 방법이어야 효과가 있다!

그렇다고 차트 분석을 완전히 부정하는 것은 아닙니다. 제대로 된 지식을 습득하고 차트 분석을 이용하면, 확실히 주식투자의 여러 측면이 보입니다. 그리고 차트 분석은 개인의 투자 능력과 분석 능력을 연마하는 데 유용한 도구가 될 수도 있습니다. 하지만 결코 거기에만 의지해서는 안 됩니다.

일단 일반 개인투자가가 차트 분석을 잘하기는 쉽지 않습니다. 기술적 분석 방법을 설명한 책은 많지만, 거기에 실린 지식만으로 능숙하게 차트 분석을 할 수 있다면, 아무도 주식투자에서 고생할 필요가 없을 것입니다. 쉽게 차트 분석법을 익혀 쉽게 돈을 버는 방법은 세상에 없습니다. 차트 분석으로 성공한 사람들은 기초적인 지식을 기반으로 무수한 실전투자를 한 끝에 자신만의 독자적인 분석 기법을 고안해낸 사람들이라고 보면 됩니다.

덧붙여서, 앞에서 예시로 보여드린 차트에 대해 좀 더 이야기해볼까 합니다. 사실 이 그래프는 주가 차트가 아닙니다. 지난 두 달 동안의 제 체중 변화를 그려본 것입니다(속여서 죄송합니다).

왜 이런 것을 그렸냐고요? 물론 다이어트를 위해서입니다. 그동안 체중 변화를 한눈에 보며 효율적으로 관리해볼까 해서 그려본 것입니다. 그래프의 변화를 보니 체중이 많아지면 식사에 주의하거나 땀 흘려 운동해 체중이 조금 줄어듭니다. 하지만 방심했는지 요요 현상이 일어나 금방 예전으로 되돌아옵니다. 그래서 또 당황해서 다이어트에 매달렸다가 다시 방심해 체중이 늘어났다가를 반복하고 있습니다.

정말 한심한 이야기지만, 요컨대 이 체중 그래프는 과거의 변화를 보면서 앞으로 어떻게 다이어트를 할지 계획하기 위한 참고 자료로 활용되는 셈입니다. 물론 이 그래프가 앞으로 상승세를 그릴지 하락세를 그릴지는 제가 운동과 식단 조절로 노력하기 나름입니다.

주가 차트도 본질은 이와 같다고 생각합니다. 특히 초보자에게 차트는 어디까지나 과거의 주가 변화 과정을 보고 참고하기 위한 도구에 지나지 않습니다. 다만 주가는 체중과 달리 자신의 노력만으로는 어떻게 할 수 없는 것이라 미래의 변화를 예측하기도 어렵습니다.

따라서 초보 투자가가 해야 할 일은 주가 차트를 보고 미래의 주가를 예상하는 것이 아닙니다. 대신 지식과 정보를 쌓아 자신이 응원할 만한 기업을 찾아낸 뒤 '응원 조건'에 맞는지를 확실히 분석해야 합니다. 그리고 최대한 낮은 가격에 이 기업의 주식을 매수해 보유하고 관리해야 합니다.

다이어트든 자산 운용이든 올바른 방법이 아니면 효과를 볼 수 없습니다. 여러분, 올바른 방법으로 땀을 뻘뻘 흘리며 노력해봅시다!

원칙 36 심리전은 투자가 아니라 빠져들면 망하는 지름길!

37 | 주가수익률_{PER}을 보면 투자자의 마음을 읽을 수 있다

주가수익률PER을 보면 투자자의 마음을 읽을 수 있다

이론 주가를 산정할 수는 있지만…

주가에는 주식시장의 거래로 형성되는 현실 주가와 이와 별도로 계산되는 이론 주가가 있습니다. 35장에서 말했듯이 이론 주가는 기업 가치를 발행주식 수로 나눈 값입니다. 이 값은 '1주당 기업 가치=주주 가치'라는 생각에 근거해 산출됩니다. 쉽게 말해 '이 기업의 주식은 기업 가치로 볼 때 이 정도 가격이 매겨져야 한다'라는 것을 이론상 계산해 적정값을 산출한 것입니다. 그래서 현실 주가가 이론 주가보다 높으면 비싼 것으로, 반대로 낮으면 싼 것으로 판단합니다.

이론 주가 산정법으로 가장 널리 사용되는 것은 '기업 가치 평가법'을 기반으로 한 방법입니다. 자세한 설명은 생략합니다만, M&A 때 행해지는 자산 평가에도 이용되는 방식입니다. 그런데 이런 식으로 기업 가치를 평가할 때는 증권회사, 애널리스트, 경제 신문사 등에서 저마다의 독자적인 방법으로 조금씩 평가 방법을 수정하기 때문에 다양한 이론 주가가 난립하는 경우가 많았습니다. 이때 곤란한 점은 각각 합당한 근거를 가지고 서로 다른 이론 주가를 산정하기 때문에, 어느 것이 옳고 어느 것이 올바르지 않다고 일률적으로 말하기 어렵다는 사실입니다.

단, 한 가지 분명히 해둘 수 있는 것은 현실 주가는 결코 이론 주가대로 결정되지 않는다는 사실입니다. 현실 주가는 시장에서 거래하는 투자자들의 심리에 따라 결정되기 때문입니다. 이때 이론 주가는 복잡하게 얽힌 투자자 심리에 영향을 끼치는 재료 중 하나일 뿐입니다. 즉, 누구나가 납득하고, 누구에게도 틀림없는 완벽한 이론 주가를 산출해낸다는 것은 애당초 불가능하다고 생각합니다.

주가 판단의 기준이 되는 글로벌 표준 지표, PER

이처럼 현실성이 없는 이론 주가보다는 독자 여러분이 꼭 기억하셨으면 하는 지표로 PERPrice Earnings Ratio가 있습니다. 우리말로는 '주가수익률'이라고도 하며, 가장 중요한 주식투자 지표 중 하나로 널리 인정받고 있습니다. 다음은 PER를 구하는 계산식입니다.

주가수익률PER = 주가 ÷ 1주당 당기순이익

당기순이익이란 1년 동안 그 기업이 사업활동 등으로 거둔 최종이익을 말합니다. 당해 기간 벌어들인 경상이익에서 특별손실이나 법인세를 빼고, 기업의 수중에 남은 이익을 말하며 세후 순이익이라고도 합니다. 기업은 순이익에서 주주에게 배당금을 지불하고, 나머지는 순자산으로서 내부에 축적(유보)하여, 연구개발비나 설비투자 등 또 다른 성장을 위해 활용합니다. 덧붙여 1주당 당기순이익은 '1주당 순이익'이라고도 합니다.

PER는 그 기업의 주가가 실제 순수익에 비해 몇 배의 값으로 매겨져 있는지를 보는 세계 공통의 척도로서 국제적인 기준이 되고 있습니다. 보통 PER가 높을수록 주가가 비싸고, 낮을수록 싸다고 판단합니다.

요즈음은 일반 개인투자가의 주식거래에서도 이론 주가보다는 오히려 PER가 투자 판단의 기준으로 자리 잡은 것 같습니다. 무엇보다 이론 주가를 산출할 때 PER를 근거로 하는 경우도 많아, 이제는 PER 자체가 종목 선택의 기준이 되었다고 보아도 좋을 것입니다.

그럼 지금부터 PER를 어떤 식으로 활용하면 좋은지 예를 들어볼까 합니다. 우선 토요타 자동차의 PER를 계산해봅시다. 2020년 3월 31일 이 기업의 일본 주식 종가는 6,501엔, 1주당 순이익은 735.61엔이었으므로, PER는 6,501엔÷735.61엔=약 8.84배가 됩니다. 반대로 PER를 알면 1주당 순이익에 곱해 주가를 계산할 수도 있습니다.

그런데 문제는 'PER=8.84배'를 어떻게 보는가입니다. PER가 실제 1주당 순이익(=주주 가치)보다 8배 이상이므로 토요타 자동차에 대한 투자가들의 기대가 그 정도라고 볼 수 있습니다. 하지만 2020년

12월의 도쿄 증권거래소 1부의 가중평균 PER(회계 기간에 유통되는 주식 수가 달라졌을 때 이를 감안한 계산법 - 옮긴이)는 30.1배입니다. 업종별로 보면 토요타 자동차는 수송용 기기이기 때문에, 도쿄 증권거래소 1부의 수송용 기기 가중평균으로 본 PER는 21.1배입니다. 그렇다면 처음 계산했던 PER는 이런 계산값의 반 정도에 지나지 않습니다.

이런 경우 토요타 자동차의 PER이 충분한지, 아니면 너무 낮게 평가받거나 높게 평가받고 있는지에 대한 생각은 사람마다 다릅니다. 결국 한 기업의 PER을 어떻게 판단할 것인지는 결국 투자자 자신이 알아서 해야 하는 문제입니다.

개별 종목의 PER 수준을 판단할 때 가장 일반적인 방식은 업계 평균이나 경쟁사의 PER와 비교해 검토하는 방식이 있습니다. 토요타 자동차의 경우엔 자동차 업계와 경쟁자인 독일 폭스바겐, 닛산 자동차나 혼다 등과 비교하면 될 것입니다.

테슬라 주식의 PER는 왜 비쌀까?

하지만 여기서 잊어서는 안 될 기업이 있습니다. 바로 전기차 제조 기업인 테슬라입니다. 탈탄소 사회 실현이 매우 중요한 문제로 떠오르는 가운데 테슬라는 전 세계 투자자들의 뜨거운 시선을 받으며 주가가 급등하고 있습니다. 2021년 4월 27일 시점 이 기업의 PER는 무려 1,158.65배였고, 같은 날의 토요타 자동차의 PER는 15.11배였습니다. 현재 테슬라의 생산 대수가 토요타 자동차의 10분의 1 이하임에도 불구하고 PER는 비교도 안 될 정도로 높습니다. 이것만 보아도 테슬라의 미래에 대해 투자자들의 얼마나 높은 기대를 품고 있는지를 알 수 있습니다.

테슬라 외에도 미국에는 PER가 엄청나게 높은 회사들이 많습니다. 그리고 바로 이런 점이 28장과 29장에서 강조했듯이 국내 주식과 미국 주식에 대한 투자 방법이 달라야 하는 큰 이유입니다.

참고로 한 개인투자가의 블로그에 실린 자료를 인용해보겠습니다. 2017년 8월 25일 테슬라의 PER는 -74.01배였다고 합니다. 이때는 거의 존재감이 없었던 테슬라는 이후 불과 3년 반 정도가 지나자 PER가 1,158.65배인 글로벌기업으로 성장했습니다. 주가 자체도 당시의 69.61달러에서 738.20달러(2021년 4월 27일 기준)로 껑충 뛰었습니다.

최근에는 일본에서도 자금이 주식투자로 몰려들었고, 인덱스투자가 활발해지는 경향이 있어 그와 함께 PER도 높아지는 추세입니다. 참고로 최근의 닛케이 평균 PER의 변화를 살펴보면, 다음 페이지의 그래프와 같습니다(도표29). 2020년 5월 이후 크게 상승하고 있음을 알 수 있습니다. 이렇게 된 배경에는 일본은행의 추가 금융완화와 공적 연금인 GPIF Government Pension Investment Fund(연금적립금관리운용독립행정법인)의 주식 매입 증가가 영향을 준 것으로 생각됩니다. 그리고 이로 인해 투자 심리도 상승세로 돌아섰다고 보여집니다.

전 세계적으로 산업계에서 지금 중요시되는 문제는 SDGs(지속 가능한 개발 목표)에 대한 대처입니다. 이제 기후와 환경은 인류의 생존

도표29 · 닛케이 평균 PER 변화

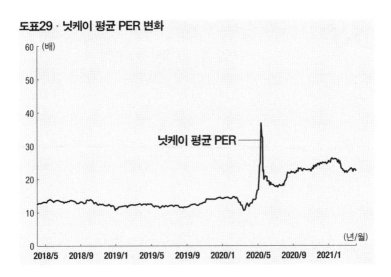

이 걸린 문제이기 때문에 이런 경향은 점점 더 심해질 것입니다. 따라서 PER에도 SDGs와 관련된 글로벌 과제의 해결에 대한 기대치가 짙게 반영되어 있습니다. PER를 활용해 종목을 판단할 때는 이런 흐름을 잘 생각하며 분석하는 것도 중요합니다.

원칙 37 PER에 포함된 '시장의 기대'가 지닌 의미를 잘 생각하자.

38 | 주식투자 분석의 기본 1
－기업 홈페이지부터 읽기

기업의 홈페이지는 정보의 보고

지금부터는 주식투자 분석의 기본을 알아보겠습니다. 투자 분석의 첫걸음은 '선별'입니다. 이것은 투자할 후보의 종목 중 불필요한 것을 '떨구어버리는 작업'을 뜻합니다. 33장 〈오르는 주식의 공통 조건 - 초보자를 위한 분석 방법〉에서 구체적인 방법으로 '올라가는 주식을 골라서 편입하는 4개의 조건'을 소개했습니다. 복습하자면, ①상장하고 나서 10년 이내일 것, ②사장·CEO가 창업자일 것, ③사장·CEO가 일정 비율 이상의 자사주를 보유하고 있을 것, ④시가총액이 5,000억 원 미만일 것입니다. 이 조건만으로도 좋은 종목을 꽤 찾아낼 수 있습니다.

종목 추출이 끝나면 다음은 나만의 '기업 응원 조건'을 찾기 위해 한층 더 분석한 뒤, 최종 투자처를 결정해야 합니다. 그런데 이를 위해서는 더 많은 기업 정보가 필요합니다. 이런 추가 정보는 어디서

구하면 좋을까요?

저는 기업의 홈페이지를 추천하고 싶습니다. 예를 들어, 우리가 레스토랑에서 맛있는 식사를 즐기려면 우선 가고 싶은 레스토랑 홈페이지에 들어갈 것입니다. 그리고 거기에 게재된 사진을 통해 매장의 인테리어나 분위기를 보거나 메뉴나 가격을 확인할 것입니다. 만일 여행을 가고 싶다면 호텔 홈페이지에 들어가 보고, 교통편, 방 배치, 청결도, 식당 분위기나 메뉴, 노천탕 유무 등 여러 가지를 확인할 것입니다.

투자 분석도 이와 같습니다. 그런데 독자분들 중에는 '홈페이지는 어디나 비슷하고 뻔한 정보밖에 없는 거 아니야?'라고 의문이 드는 분도 있을 것입니다. 하지만 절대 그렇지 않습니다. 요즘 기업의 홈페이지는 '기업의 얼굴'로서, 회사의 특징이 잘 나타나도록 알차게 구성되어 있습니다. 물론 간혹 디자인만 화려하고 사업 내용을 잘 알려주지 않는 홈페이지도 있고, 산뜻한 디자인 속에 형식적인 내용만 담아 기업 구조도 사업 의욕도 전혀 보이지 않는 홈페이지도 가끔 볼 수 있습니다. 하지만 의외로 많은 기업이 홈페이지에 세세한 사업 내용을 공개하며 홍보하고 있습니다. 그뿐만 아니라. 심지어는 내용이 너무 풍부해 다 찾아서 읽으려면 미로 같은 링크를 타고 한참 돌아다녀야 하는 홈페이지도 있습니다.

보통 최근 창립한 신흥 벤처기업일수록 홈페이지에 많은 정보를 담고 있습니다. 어떤 홈페이지는 젊은 감성과 장난기로 가득해 내용도 알기 쉽고, 재미있기까지 합니다. 또, 그 내용을 읽다 보면 기업이 그리는 장밋빛 미래에 가슴이 두근두근 뛰기도 합니다. 물론 기업이 그동안 이루어온 실적과 성과도 잘 알 수 있습니다. 따라서 기업의 홈페이지는 그 자체가 소중한 정보입니다.

정보는 곳곳에서 찾을 수 있다

덧붙여 최근에는 인터넷을 검색하면 기업 홈페이지 외에도 여러 가지 기업 평판 자료를 구할 수 있습니다. 물론, 그중에는 단순한 비방 글도 있으니 주의가 필요합니다만, 기업의 상품이나 서비스, 종업원의 태도, 전 직원의 기업 내부 평가 등 그 기업 관련자들만 알 수 있는 정보를 블로그나 기사, 사이트를 통해 얻을 수 있습니다. 또, 사장이나 그 회사 주요 임원들의 강연이나 인터뷰 기사 등이 인터넷에 올라와 있는 경우도 적지 않습니다. 이전에는 그 강연에 참가한 사람이나 특정 잡지 등을 구독한 사람만 알 수 있는 정보도 간접적이기는 하지만 접할 수 있게 된 것입니다. 물론 회사 직원의 생생한 목소리를 듣는 것도 정보를 얻는 좋은 길이 됩니다.

정보를 얻는 또 다른 길은 기업 경영자가 자신의 경영 철학을 담아 출간한 책을 읽는 것입니다. 그 외에도 기업의 서비스 창구 같은 곳을 방문해 그 회사에서 일하는 사람과 직접 접해보거나 시험 삼아 상품이나 서비스를 체험해보는 방법도 있습니다. 특히 사원이 자신의 회사를 어떻게 생각하고 있는지를 물어보고 대답을 들을 수 있다면, 이 역시 굉장히 귀중한 정보가 됩니다. 혹은 그 회사의 제품이나 서비스를 이용하는 주변 사람에게 후기나 의견을 물어보는 방법도 있습니다. 이처럼 스스로 적극적으로 움직이면 회사의 정보는 그만큼 알차게 얻을 수 있습니다.

IR 페이지가 허술한 기업은 아웃

어쨌든 투자가의 시선으로 기업 정보를 알려면, 무엇보다도 먼저 그 기업의 홈페이지를 확인해야 합니다. 그리고 홈페이지에서 첫 번째로 체크해야 할 것은 IR 페이지입니다. IR은 '투자가를 위한 정보'라고 생각하면 됩니다. 우리는 이 페이지에서 기업의 최근 실적이나 재무 데이터 등을 확인해야 합니다. 개중에는 'IR 정보를 갱신했습니다'라고 한 줄만 달랑 내건 기업도 있습니다. 그리고 이 문장을 클릭해보면 언론사에 제공했던 간단한 PDF 자료가 나타날 뿐입니다. 이런 것은 투자 정보를 구하러 들어온 사람들을 크게 실망시키는 태도라고 할 수밖에 없습니다.

물론 상장사의 상세 정보는 증권사를 통해서도 볼 수 있습니다. 하지만 투자자를 소중히 여겨야 할 상장 기업이 IR 페이지를 소홀히 취급하는 것은 문제라고 봅니다. 사실 기업의 이런 태도는 IR 이외의 페이지에서도 알 수 있습니다. 홈페이지 게재 내용을 알아보기 어렵게 만들거나 투자자, 고객, 사회에 어떤 가치를 제공하고 싶은지를 홈페이지에 밝히지 않은 기업은 그것만으로도 큰 마이너스라고 해도 좋을 것입니다.

홈페이지에서 IR 다음으로 살펴보아야 할 것은 사업 내용을 중심으로 한 기업 이념, 사회 공헌활동 등 그 기업의 다양한 측면입니다. 이때는 우선 자신만의 체크 포인트를 정해두면 좋습니다. 예를 들어 내가 좋아하는 제품 및 서비스가 몇 명이나 있는지, 플라스틱 쓰레기 삭감 대책에 임하고 있는지, 여성 임원은 있는지 등 평소 관심이 있던 시점에서 살펴보는 것만으로도 그 기업에 공감할 수 있는지, 응원하고 싶어지는지를 알 수 있습니다. 즉, 기업의 홈페이지를 통해서도 투자 판단에 도움이 될 알찬 정보를 얻을 수 있다고 생각합니다.

최근에는 동영상 자료를 홈페이지에 올려 다양한 메시지를 전달하려는 기업도 증가하고 있습니다. 동영상은 시각이나 청각에 호소하는 부분이 큰 만큼 본질을 숨겨버리는 결점은 있지만, 문장으로는 전달하기 어려운 CEO의 의욕과 자신감, 그리고 현장에서 일하는 사람들의 표정과 분위기 등을 좀 더 실감할 수 있습니다.

여기서 한 가지 주의해야 할 것은 아무리 많은 정보를 모았어도 그 회사의 사업 내용을 잘 이해할 수 없는 경우에는 투자하지 말아야 한다는 사실입니다. 모르는 종목에 투자하는 것은 가장 큰 위험 요인입니다. 밀가루 알레르기가 있는 사람이 빵을 먹지 않는 이유는 빵을 만든 재료에 밀가루가 들어 있다는 사실을 알고 있기 때문입니다. 만일 그 사실 모르고 빵을 먹었다면 남들에겐 아무리 맛있는 빵이라도 내 건강엔 치명적인 손해를 끼칩니다. 이처럼 모르는 종목에 투자하는 것은 밀가루 알레르기가 있는 사람이 모르고 밀가루 음식을 사 먹는 것이나 마찬가지입니다. 주식투자에서 모르는 것과 이해할 수 없는 것은 최대의 리스크입니다.

원칙 38 홈페이지나 인터넷에서 기업의 '됨됨이'를 확인하는 것부터 시작하자.

39

주식투자 분석의 기본 2
– 오너 겸 경영자의 '각오'
정성 분석

사람의 됨됨이와 그의 메시지

투자할 기업 종목을 어느 정도 추려냈으면 드디어 본격적인 기업 분석에 들어갑니다. 주식투자 분석에는 숫자로 측정할 수 있는 '정량 분석'과 숫자로는 파악할 수 없는 '정성 분석'이 있다는 사실은 이미 앞에서 말했습니다. 정량 분석은 다음 장에서 설명하겠습니다만, 주로 재무 3표라 불리는 기업의 결산 데이터를 바탕으로 합니다. 여기에서는 그보다 먼저 정성 분석에 대해 알아보려고 합니다.

정성 분석은 숫자로 측정할 수 없는 만큼, 정량 분석에 비해 매우 어렵고, 전문가에 따라 접근 방식이 다양합니다. 그리고 이런 방식 중 어떤 것은 옳고 어떤 것은 옳지 않다고 판단하기는 거의 불가능합니다. 그래서 여기서는 누구나 할 수 있는 주식투자의 정성 분석 법 중 가장 중요하다고 볼 수 있는 '오너 겸 경영자에 대한 분석'을 설명해보겠습니다.

구체적으로 말하면, 오너이자 경영자가 어떤 인물인지, 어떤 뜻이나 이념을 가지고 어떤 경위로 창업해, 어떤 생각으로 회사를 경영하는지, 앞으로 지향하는 목표는 무엇인지를 이해하는 것입니다. 기업 홈페이지에는 대부분 CEO의 인사말 페이지가 있고, 여기에 오너이자 경영자의 사진과 함께 그가 전하려는 메시지가 올라와 있습니다. 따라서 투자자들은 무엇보다 먼저 이 페이지를 보면 됩니다.

그런데 간혹 회사 개요에 있는 임원 소개란에 대표이사의 이름만 나와 있는 홈페이지도 있습니다. 사실 상장기업의 대표로서 감당해야 할 중요한 역할 중 하나가 많은 투자가에게 기업을 알리는 것입니다. 특히 창업한 지 얼마 되지 않은 신흥기업은 대표가 투자가를 설득해 자사의 주주가 되도록 만들지 않으면, 앞으로의 성장 전망이 어둡다고 볼 수밖에 없습니다.

같은 의미에서 기업 홈페이지에 있는 대표의 사진도 중요한 자료라고 생각합니다. 공식적인 홈페이지에 게재된 상투적인 자료라 할지라도 얼굴에서 풍기는 인상을 보면 앞으로 회사를 크게 키우겠다는 각오나 열정까지 엿볼 수 있기 때문입니다.

만일 기업 홈페이지에서 사보의 기사나 동영상 뉴스 등을 열람할수 있다면, 대표의 자연스러운 미소나 평상시의 말투, 사원을 대할 때의 행동 등도 잘 관찰하면 좋을 것입니다. 앞에서도 말했듯이 동영상이 있으면 이러한 면면을 보다 생생하게 확인할 수 있습니다.

기업 대표의 '각오'를 본다

덧붙여 기업 대표를 살펴볼 때 추천하고 싶은 포인트는 '경영자로서의 각오'입니다. 요컨대 사장이 그 회사를 얼마나 크게 만들고 싶어하는지, 즉 의욕을 가졌는지가 중요합니다.

시가총액 10조 원을 목표로 한다는 대표도 있는 한편, 시가총액은 몇천억 원으로도 좋다고 생각하는 대표도 적지 않습니다. 시가총액 2,000억 원 정도만 되어도 일본에선 돈도 명예도 손에 넣을 수 있으니까 거기에 만족하는 대표도 꽤 있습니다. 원래 하나의 비즈니스만으로는 아무리 노력해도 기업의 시가총액을 2,000억 원 정도까지 밖에 키울 수 없습니다. 그것을 넘어서려면, 이 사업에도 손을 대고 저 사업에도 손을 대야 하기 때문에 대표에게는 그만큼의 의욕이 필요합니다.

'회사를 크게 키우겠다'고 대외적으로 당당히 말할 수 있는 사람이라면, 당연히 그만큼 각오가 서 있고 의욕도 넘칠 것입니다. 사실 기업의 대표도 가정에선 아버지이자 남편, 혹은 어머니이자 아내입니다. 그런 사람이 공공연하게 포부를 밝혀놓고 아무것도 하지 않는다면, 우선 가족들부터 실망하는 '거짓말쟁이'가 될 것입니다. 회사를 크게 키우겠다고 선언한 대표라면 우선 가족을 실망시키지 않기 위해, 나아가 사원들과 주주들을 실망시키지 않기 위해 열심히 일할 것입니다.

물론 위험을 감수하고 새로 사업을 벌이다 보면 실패할 수도 있습니다. 이때 많은 사람이 주식 매도에 나서기 때문에 주가가 폭락하기도 합니다. 하지만 소프트뱅크 그룹의 손정의 회장처럼 평소 미래에 대한 큰 비전을 보여주는 대표를 신뢰한다면, 오히려 장래성 있는 좋은 주식을 매수할 다시없는 기회입니다(이 부분은 투자자 개인이 각자 판단하기 나름입니다).

단, 기업 대표 중에도 사기꾼이 없지는 않기 때문에, 그가 과거부터 해온 발언이나 성과 등을 잘 조사해, 자기 말을 꼭 이루어내는 사람인지를 잘 조사할 필요는 있습니다.

손정의의 프레젠테이션 능력과 소프트뱅크 그룹 주가

결국 기업 대표를 관찰할 때 중요한 것은 그 사람의 애사심과 사업에 대한 열정입니다. 이런 정성 분석은 인상만으로 결정할 수 없어 어렵기는 하지만, 매우 중요한 부분입니다. 투자자가 기업 대표에게 인간적인 매력을 느끼지 못하면 그 투자는 지속하기 어렵습니다. 만일 투자기업의 대표에게 인간적으로 실망했고 기업 경영에 대한 열정이 사라졌다고 느낀다면, 그 시점에서 투자를 그만둬야 합니다.

지금은 인터넷에서 대표의 이름을 검색하면, 신문이나 잡지의 인터뷰 기사, 출연한 TV 프로그램이나 세미나에서 강연하는 모습 등도 쉽게 찾아볼 수 있습니다. 또, 벤처기업의 젊은 대표라면 트위터, 페이스북, 인스타그램 등 소셜미디어에서도 활발하게 메시지를 전달하고 있습니다. 기업의 홈페이지 외에 그런 정보도 가능하면 세세하게 확인할 필요가 있습니다.

　기업의 오너이자 경영자로서 정보 발신 능력이 얼마나 중요한가를 보여주는 대표적인 예는 소프트뱅크 그룹의 손정의 회장일 것입니다. 손정의 회장의 프레젠테이션 능력은 정평이 나 있습니다. 그래서인지 거의 신도에 가까운 열렬한 팬도 많이 거느리고 있으며, 기업에 대해 아무리 나쁜 뉴스가 흘러나와도 손정의 회장이 직접 프레젠테이션하고 나면 거의 매번 소프트뱅크 그룹의 주가는 오릅니다.

　물론 경영자가 기업의 오너인 것이 반드시 좋은 것만은 아닙니다. 왜냐하면 기업의 성장이 오로지 경영자 한 사람의 역량에 달린 경우가 많기 때문입니다. 오너가 경영하는 기업의 최대 강점은 톱다운 방식으로 이루어지는 빠른 의사결정입니다. 하지만 잘못될 경우 이는 사장의 독선이나 폭주로 연결될 수도 있습니다. 이런 현상을 1인 경영의 폐해라고들 합니다. 그런 의미에서 기업 대표의 인품을 다각도로 조사해 판별하는 것은 매우 중요합니다.

　정성 분석의 기본은 이처럼 여러 가지 정보 채널을 모두 활용해 남보다 많은 정보를, 스스로 입수하는 것입니다. 그런 노력이 성공한 투자의 길로 이끌어줄 것입니다.

원칙 39　회사는 경영자의 상상이나 각오 이상으로 커지지 않는다!

40 주식투자 분석의 기본 3
- 재무 3표는 정량 분석의 필수 아이템

정량 분석의 기본은 3개의 결산서

정성 분석 다음은 드디어 정량 분석입니다. 여기서는 기업의 재무 정보를 살펴봅니다. 주식에 투자하는 사람이나 앞으로 투자하려는 사람이라면 최소한 기업의 재무 정보는 확인할 수 있어야 합니다.

재무 정보를 나타내는 것을 결산서라고 하는데, 이 중에서 특히 중요한 것은 ①재무상태표(B/S), ②손익계산서(P/L), ③현금흐름표(C/F)입니다. 보통 이 세 가지를 한데 묶어 '재무 3표'라고 부릅니다. 일본의 상장기업은 '유가증권 보고서'로 이 세 가지를 반드시 게시하도록 의무화되어 있습니다.

재무 3표는 기업의 경영 상태를 알아보고, 앞으로의 성장 가능성을 예측하도록 해주는 가장 중요한 잣대입니다. 하지만 여기에 기록된 숫자의 의미를 알아야만 이 자료를 읽을 수 있기 때문에 미리 몇 가지 기본 지식을 갖추어야 합니다. 그러면 지금부터는 각 결산서를 읽는 법을 간단히 소개해보겠습니다.

재무상태표 = 자산과 부채를 알 수 있는 '기업 건강진단서'

먼저 재무상태표입니다. 이것은 분기 말 시점에서 기업의 재무 상태를 한눈에 볼 수 있도록 정리한 것으로, 자산이 어느 정도이고, 부채가 어느 정도인지를 항목별로 기록하고 있습니다. 이른바 숫자로 보여주는 '기업 건강진단서'입니다.

다음 페이지의 도표30에 예시를 들어보았습니다. 좌측에는 '자산', 즉 기업이 가지고 있는 총자산이 유동자산(현금·예금 등), 고정자산(토지·건물, 기계설비 등)별로 기록됩니다. 한편, 우측에는 부채 및 자본이 기록됩니다. 상단에는 '부채'가, 하단에는 '순자산'으로 나누어져 있습니다. 부채 부분에는 은행으로부터의 차입이나 회사채 발행으로 모은 돈의 액수가 기록되고, 순자산 부분에는 자본금이나 이익잉여금 등이 기록됩니다. 한마디로 부채는 갚아야 할 돈, 순자산은 갚지 않아도 되는 돈입니다.

재무상태표에서 꼭 봐야 하는 부분 중 하나는 부채 부분에 기록된 금액입니다. 부채라고는 해도 대부분은 사업활동을 위해 빌리거나 모은 돈이기 때문에, 단순히 부채액이 많다고 상태가 나쁘다고는 할 수 없습니다. 다만, 극단적으로 부채액이 많은 경우는 경고 신호가 켜진 것으로 생각하고 주의해서 볼 필요가 있습니다. 덧붙여 재무상태표의 본래 의미는 '잔고 명세 일람표'이며, 좌측과 우측의 마지막 결

도표30 · 재무상태표

(_____년 __월 __일 현재)

과목	금액	과목	금액
(자산)		**(부채)**	
유동자산	XXX	**유동부채**	XXX
현금 및 예금	XXX	외상값	XXX
수령 어음	XXX	단기차입금	XXX
외상매출금	XXX	미지급금	XXX
상품	XXX	미지불 비용	XXX
부품	XXX	미지급 법인세 등	XXX
선급 비용	XXX	예치금	XXX
이연법인세자산	XXX	상여충당금	XXX
기 대부금	XXX	제품 보증충당금	XXX
미수금	XXX	기타	XXX
기타	XXX		
대손충당금	XXX	**고정부채**	XXX
		퇴직급여충당금	XXX
고정자산	XXX	이연법인세부채	XXX
유형고정자산	XXX	기타	XXX
건물	XXX	**부채 합계**	XXX
구축물	XXX		
기계 및 장치	XXX	**(순자산)**	
차량 및 운송 수단	XXX	**주주자본**	XXX
공구, 기구 및 비품	XXX	**자본금**	XXX
토지	XXX	**자본잉여금**	XXX
건설가계정	XXX	자본준비금	XXX
		기타 자본잉여금	XXX
무형고정자산	XXX		
시설 이용권	XXX	**이익잉여금**	XXX
소프트웨어	XXX	기타 수익잉여금	XXX
기타	XXX	이월 수익잉여금	XXX
투자 기타자산	XXX	**자기주식**	XXX
투자 유가증권	XXX		
관계회사 주식	XXX	**평가·환산 차액 등**	XXX
관계회사 출자금	XXX	**기타 유가증권 평가 차액금**	XXX
장기대출금	XXX	**순자산 합계**	XXX
장기 선급 비용	XXX	**부채·순자산 합계**	XXX
기타	XXX		
대손충당금	XXX		
자산 합계	XXX		

산 부분은 1원의 오차도 없이 정확히 똑같은 금액으로 일치하는 것이 특징이라는 점도 기억해둡시다.

손익계산서 = 수익과 비용을 알 수 있는 '기업 가계부'

다음으로 손익계산서입니다. 영어로 Profit and Loss statement라고 부르므로, P/L로 표기합니다. 말 그대로 1사업연도 중 이익과 비용을 나타낸 것입니다. 1년 동안 얼마만큼의 매출을 올렸으며, 이를 위해 얼마만큼의 비용이 들어갔고, 최종적으로 얼마만큼의 이익이 났는지를 보여줍니다. 즉, 우리가 집에서 쓰는 가계부의 회사판이라고 생각하면 됩니다.

다음 페이지의 도표31처럼 손익계산서에는 '5개의 이익', 즉 매출총이익, 영업이익, 경상이익, 세전 당기순이익, 당기순이익 순서대로 기록됩니다. 이 순서대로 이익 상황을 따라가면 그 기업의 경영 상황을 이해할 수 있게 되는 구조입니다.

간단히 설명하자면, 매출총이익은 1년 동안의 매출액에서 원가를 뺀 이른바 '매상총이익'을 말하는 것입니다. 영업이익은 본업으로 벌어들인 이익이며, 매출총이익에서 판매 관리비 등을 공제한 금액입니다. 경상이익은 영업이익에 배당 수입 등 본업 이외로 벌어들인 영업 외 이익을 더한 것입니다. 세전 당기순이익은 경상이익에 일시적인 이익(무언가의 자산을 매각한 것 등)을 더한 1년간의 총이익을 나타냅니다. 한편 세금을 공제하고 가장 마지막에 기업의 수중에 남은

도표31 · 손익계산서

(_____년 __월 __일 ~ _____년 __월 __일)

과목	금액	
매출액		XXX
매상 원가		XXX
매출총이익		XXX
판매비 및 일반 관리비		XXX
영업이익		XXX
영업 외 이익		
수취 이자	XXX	
수취 배당금	XXX	
환차익	XXX	
그외	XXX	XXX
영업 외 비용		
지불 이자	XXX	
재고자산 평가 손실	XXX	
환차손	XXX	
그외	XXX	XXX
경상이익		XXX
특별이익		
고정자산 매각 이익	XXX	
전기 손익 수정 손실	XXX	
상여충당금 환급액	XXX	
제품 보증충당금 환급액	XXX	
그외	XXX	XXX
특별 손실		
전기 손익 수정 손실	XXX	
고정자산 제거 손실	XXX	
대손충당금 이월액	XXX	
그외	XXX	XXX
세전 당기순이익		XXX
법인세, 주민세 및 사업세	XXX	
법인세 등 조정액	XXX	XXX
당기순이익		XXX

금액이 당기순이익(최종이익)입니다.

따라서 손익계산서를 들여다보면 어디서 얼마나 버는지, 어디서 어떤 비용이 발생하는지를 일목요연하게 알 수 있습니다. 예를 들면, 매상은 오르고 있는데, 최종이익은 적자라면 손익계산서를 보고 어딘가 쓸데없는 비용이 빠져나가고 있는 것은 아닌지, 돈 관리가 허술한 것은 아닌지 등 경영상의 문제점을 알아낼 수 있습니다. 물론 앞으로의 성장을 위한 선행투자로 비용이 증가했지만 매출 증가가 확실히 예상되는 품질 좋은 적자도 발생할 수 있습니다. 이런 상황 등을 한눈에 보여주는 손익계산서는 '기업의 성적표' 혹은 '대표의 성적표'라고 할 수 있습니다.

현금흐름표 = 돈의 흐름과 보유한 현금을 시각화

마지막으로 현금흐름표입니다. 현금흐름표를 C/S로 쓰기도 하지만 여기에서는 그보다 더 널리 쓰이는 C/F로 병행해서 표기하겠습니다. 현금흐름Cash Flow은 돈의 흐름을 말하는 것으로 기업이 어떻게 돈을 썼고, 마지막에 현금을 얼마나 보유하게 되었는지, 즉 보유 현금을 늘렸는지 혹은 줄였는지를 나타냅니다. 230~231쪽의 도표32-1, 도표32-2과 같이 현금흐름에는 ①영업(활동으로 인한) 현금흐름(영업CF), ②투자(활동으로 인한) 현금흐름(투자CF), ③재무(활동으로 인한) 현금흐름(재무CF)의 세 가지가 있습니다. 이때 각각의 의미를 제대로 이해하는 게 굉장히 중요합니다.

영업CF의 표시 방법에는 직접법과 간접법이 있습니다. 직접법이란 영업활동으로 인한 현금 수입이나 지출 등의 흐름을 항목별로 집계하여 총액으로 파악한 표시 방법입니다. 간접법은 손익계산서의 수치에서 현금의 증감을 조정하는 형태로 표시하는 방법입니다. 직접법은 현금 수입이나 현금 지출을 항목별로 파악하기가 쉽습니다. 하지만 주요 거래마다 데이터를 준비해야 하는 회사로서는 간접법에 비해 손이 많이 가는 편입니다.

또한 당연한 일이지만, 어느 쪽도 최종적인 금액은 똑같습니다. 영업CF는 보통 사업활동으로 벌어들인 돈을 나타내기 때문에, 기본적으로는 플러스가 되는 것이 이상적입니다. 다만, 상장한 지 얼마 되지 않은 신흥 벤처기업 같은 경우에는 아직은 본격적으로 매출이 오르지 않아 영업CF가 마이너스가 되는 일이 많이 있습니다. 이런 경우에는 과거 3~5년 동안의 영업CF를 거슬러 올라가서 마이너스 폭이 어떻게 변하고 있는지를 확인해야 합니다. 마이너스 폭이 작아지고 있다면, 머지않아 영업CF가 플러스로 돌아설 가능성이 크다고 기대해도 좋을 것입니다.

투자CF는 기업의 투자 상황을 말해줍니다. 급성장을 목표로 하는 벤처기업이나 적극적인 대형투자를 계속하는 대기업 등에서는 투자CF가 마이너스가 되는 경우가 꽤 많습니다. 반대로 플러스가 될 때는 투자를 멈추면서 자금이 들어오는 것을 의미합니다. 예를 들어 폐쇄한 공장.부지를 매각하거나 보유하고 있던 타사 주식을 양도해

도표32-1 · CF 계산서(직접법)

I 영업활동에 의한 현금흐름		
영업 수입	XXX	┐ 직접법
원재료 또는 상품 구입 지출	-XXX	
인건비 지출	-XXX	
기타 영업 지출	-XXX	
소계	XXX	
이자 및 배당금 수령액	XXX	
이자 지급액	-XXX	
손해배상금 지출	-XXX	
법인세 등의 지출	-XXX	┘
영업활동에 의한 현금흐름	XXX	→

II 투자활동에 의한 현금흐름	
유가증권 취득 지출	-XXX
유가증권 매각 수입	XXX
유형고정자산 취득 지출	-XXX
유형고정자산 매각 수입	XXX
투자 유가증권 취득 지출	-XXX
투자 유가증권 매각 수입	XXX
대부금 지출	-XXX
대부금의 회수 수입	XXX
투자활동에 의한 현금흐름	XXX →

III 재무활동에 의한 현금흐름	
단기차입 수입	XXX
단기차입금 상환 지출	-XXX
장기차입 수입	XXX
장기차입금 상환 지출	-XXX
사채 발행 수입	XXX
사채 상환 지출	-XXX
주식 발행 수입	XXX
자기주식 취득 지출	-XXX
모회사의 배당금 지출	-XXX
재무활동에 의한 현금흐름	XXX →

IV 현금 및 현금 등가물 증가액	XXX ←
V 현금 및 현금 등가물 분기 초 잔액	XXX
VI 현금 및 현금 등가물 분기 말 잔액	XXX

도표32-2 · CF 계산서(간접법)

Ⅰ 영업활동에 의한 현금흐름

세금 등 조정 전 당기순이익	XXX
감가상각비	XXX
대손충당금 증가액	XXX
수취 이자 및 수취 배당금	-XXX
지불 이자	XXX
유형고정자산 매각 수익	-XXX
매출 채권 증가액	-XXX
재고자산 감소액	XXX
매입 채무 감소액	-XXX
소계	XXX
이자 및 배당금 수령액	XXX
이자 지급액	-XXX
법인세 등의 지출	-XXX
영업활동에 의한 현금흐름	**XXX**

간접법

Ⅱ 투자활동에 의한 현금흐름

유가증권 취득 지출	-XXX
유가증권 매각 수입	XXX
유형고정자산 취득 지출	-XXX
유형고정자산 매각 수입	XXX
투자 유가증권 취득 지출	-XXX
투자유가증권 매각 수입	XXX
대부금 지출	-XXX
대부금 회수 수입	XXX
투자활동에 의한 현금흐름	**XXX**

Ⅲ 재무활동에 의한 현금흐름

단기차입 수입	XXX
단기차입금 상환 지출	-XXX
장기차입 수입	XXX
장기차입금 상환 지출	-XXX
사채 발행 수입	XXX
사채 상환 지출	-XXX
주식 발행 수입	XXX
자기주식 취득 지출	-XXX
모회사의 배당금 지출	-XXX
재무활동에 의한 현금흐름	**XXX**

Ⅳ 현금 및 현금 등가물 증가액	**XXX**
Ⅴ 현금 및 현금 등가물 분기 초 잔액	XXX
Ⅵ 현금 및 현금 등가물 분기 말 잔액	XXX

서 자산을 현금화하는 경우가 있습니다.

재무CF는 은행 차입금이나 회사채 발행으로 현금이 들어오면 플러스, 상환하면 마이너스가 됩니다. 빌린 돈을 얼마나 갚았는지, 현금이 부족할 때 어떻게 주주 배당금으로 지급할 자금을 조달했는지 확인할 수 있습니다.

현금흐름표에는 그 기업의 최근 자금 사정이나 현금 출입 정황이 손바닥 보듯 훤히 드러납니다. 독자 여러분들 중에는 '흑자도산'이라는 말을 들어본 분들도 많을 것입니다.

흑자도산은 손익계산서상으로는 수익이 나는데도 지금 당장 수중에 현금이 없거나, 혹은 부족해서 부도가 나는 경우를 말합니다. 예를 들어, 외상매출금을 회수할 수 없는 등 갑자기 어떤 이유로 현금흐름의 유입이 막혀, 자금 융통이 되지 않을 때 발생합니다. 이익을 내며 건전한 경영이 이루어지는 것처럼 보였는데, 실제로는 당장 사용할 수 있는 현금이 없어 부도가 나는 안타까운 일이 발생한 것입니다.

이처럼 아무리 큰 회사라도 현금이 없으면 돌아가지 않는 것이 기업 경영입니다.

최근 재무분석에서는 현금흐름을 중시하는 경향이 있습니다. '재무상태표와 손익계산서만 봐두면 OK'라는 낡은 정보에 현혹되지 말고, 현금흐름표까지 확실히 공부해두는 것이 바람직합니다.

결산서는 최소한의 지식

지금까지 소개한 재무 3표를 읽는 것은 초보 투자자에게는 조금 어렵게 느껴질 수도 있습니다. 하지만 기업 현황을 정량적으로 확인하기 위해서는 반드시 확인해야 할 중요한 분석 도구입니다. 처음에는 앞에서 이야기한 내용, 즉 각각의 표가 담고 있는 내용 정도만 알아도 괜찮습니다. 이 표들이 무엇을 의미하는지를 아는 것과 모르는 것 사이에는 큰 차이가 있습니다. 그리고 이 세 가지 표를 보는 데 익숙해지면 점점 중요한 부분이 눈에 들어오고 요점을 알 수 있게 됩니다. 따라서 투자를 제대로 하려는 사람은 누구나 재무 3표를 보는 버릇을 들여야 합니다.

하지만 이런 결산서들에 담긴 정보는 어디까지나 기업의 상태가 좋은지 나쁜지에 대한 최소한의 지식만을 보여줍니다. 누구나 어떻게든 편하게 투자하고 싶습니다. 그래서 '기술적 지표를 이해하면 되니까'라든가 '재무 3표를 읽을 수 있으면 되니까'라는 안이한 사고에 빠지기 쉽습니다. 하지만 기술적 지표와 재무 3표만 읽어 투자에 성공할 수 있다면, 지금쯤 많은 사람이 억만장자가 되었을 것입니다. 대부분 투자로 성공한 사람들은 당연히 이런 지식을 쌓은 뒤 관련된 다른 정보들도 열심히 공부해 자신만의 오리지널 투자법을 찾아낸 전문가들입니다. 정말 투자에 성공하고 싶다면, 재무 3표를 통해 필수 정보를 얻은 뒤 그 이상의 지식과 정보를 자신의 것으로 만들어야 한다는 사실을 잊지 말아야겠습니다.

원칙 40 재무 3표에서 기업의 '건강 상태'. '수익 상황', '돈의 흐름'을 알 수 있다.

41 | 주식투자 분석의 실천 사례
  – 체로 치듯 거른다!

앞의 38장부터 40장에 이르기까지 투자할 종목 선별법과 두 가지 주식투자 분석법, 즉 정성 분석과 정량 분석의 기본을 설명했습니다. 이제 그 내용을 전체적으로 정리하는 의미에서 실재하는 상장기업을 예로 들어 분석을 한번 해볼까 합니다. 도쿄 증권거래소 마더스에 상장되어 있는 주식회사 리구아(종목 코드 : 7090)라는 신흥기업을 살펴봅시다.

 미리 말씀드리지만 이 책은 개별 종목을 추천하는 책은 아닙니다. 따라서 이 회사를 거론한다고 해서 이 회사 주식이 오른다는 것도, 떨어진다는 것도 아닙니다. 또, 이 주식을 사라는 것도 아니고, 사지 말라는 것도 아닙니다. 다만 '주식투자 분석 절차를 설명하기 쉬운 종목이기 때문에' 선택한 것뿐입니다. 게다가 어디까지나 장기투자 시점에서 분석하는 것이므로, 이 기업의 주가가 당장 어떻게 될지는 누구도 알기 어렵다는 점을 미리 말씀드리겠습니다.

우선은 선별 조건에 맞아야 한다

자, 그러면 분석을 시작해볼까요? 처음에, 간단히 리구아의 홈페이지에 올라온 정보 등을 통해 무엇을 하는 회사인지 알아봅니다. 이 회사는 접골원 솔루션 사업과 관련된 금융 서비스를 주축으로 하는 솔루션형 서비스기업입니다. 창업 연도는 2004년으로 마더스에 상장한 것은 2020년 3월 13일입니다. 2020년 3월기의 매출은 약 217억 원(전년 대비 19.8% 증가), 당기순이익은 약 14억 원(전년 대비 300.99% 증가)입니다. 2021년 4월 27일 시점의 주가를 원화로 환산해보면 대략 3만 3,250원, 시가총액은 약 462억 5,000만 원의 회사입니다. 대표이사를 맡은 카와세 노리히코는 창업자로, 주식 보유율은 38.66%입니다. 즉, 오너 겸 사장입니다.

이상을 통해 우선은 기본적인 선별 조건은 충족한다고 판단할 수 있습니다. 조금 보완하자면 사장의 지분은 최소한 25%를 넘어야 하고, 가능하면 30% 정도는 되어야 합니다. 창업 동료인 임원진이나 동업자 지분이 합쳐서 30%가 넘으면 이 조건을 충족시키는 것으로 보아도 좋습니다.

또한 처음에 기업 개요를 조사할 때는 기업의 감사법인이나 주거래 은행이 어디인지도 확인해두면 좋습니다. 어느 감사법인에 결산 감사를 의뢰하고 어느 은행과 거래하고 있는지는 그 회사의 신용도를 보는 근거가 되기 때문입니다.

정보 사이트나 SNS를 통해 대표의 언행을 꼼꼼히 확인한다

지금부터는 나만의 생각을 반영하는 투자 분석에 들어가 보겠습니다. 우선은 홈페이지를 봅시다. 앞서 설명한 바와 같이 홈페이지에는 기업의 특징이 나타납니다. 이때 홈페이지의 구성이 방문자가 이해하기 쉽게 되어 있는지, 고객이나 투자자 위주로 만들어져 있는지는 중요한 체크 포인트입니다. 물론 이 부분은 개인의 감성과 취향에 따라 조금씩 다르게 받아들일 수 있습니다.

정성 분석의 첫걸음은 대표가 전달하려는 메시지를 확인하는 것입니다. 리구아도 홈페이지에 올라온 '대표의 말'을 통해 사장의 문제의식, 창업 동기, 경영 이념, 경영 방침, 기업 미션, 사업 목표 등을 대략 알 수 있습니다. 이 페이지에는 대표의 사진과 프로필도 올라와 있어 회사 경영자의 전반적인 모습을 확인할 수 있습니다.

포털 사이트에서 대표의 이름을 검색해 다양한 정보를 확인해볼 수도 있습니다. 아마도 상당히 많은 미디어 기사와 대표 자신의 트위터 같은 소셜미디어 자료를 발견할 수 있을 것입니다. 그런 기사나 정보에서는 공식 홈페이지에서 볼 수 없었던 창업자의 깊은 속마음이나 고생담 등이 생생하게 담긴 경우도 많기 때문에 가능한 한 정성껏 조사할 필요가 있습니다.

이어서 사업 내용을 살펴보겠습니다. 장래성이 있는 사업인지, 혹은 투자자로서 그 사업을 이해할 수 있는지 판단하기 위해서입니다. 대부분 사람은 리구아가 접골원 솔루션 사업을 한다고 하면, 처음에는 무슨 말인지 잘 모릅니다. 하지만 홈페이지의 설명을 잘 읽어보면 접골원 대상 컨설팅과 문제 해결 도구를 제공하고 있음을 알 수 있습니다. 그리고 평소 경제나 투자에 관심이 있던 사람들은 '고령화 진행으로 건강에 관한 관심이 높아지는 추세를 쫓아 의료 분야에서 B to B형 서비스 사업을 전개하고 있구나' 하고 판단할 수 있습니다. 또 다른 홈페이지 자료를 보니 일본 내에는 5만여 개의 접골원이 있다고 하며, 리구아는 이미 이 중 5% 정도를 고객으로 두고 있다고 합니다. 앞으로도 한층 더 점유율을 늘릴 수 있을지, 혹은 고객 획득 경쟁이 치열해질지, 미래에 대한 견해는 여러 가지로 나뉠 수가 있습니다. 어떻게 판단하느냐는 전적으로 투자자의 분석력에 달려 있습니다.

다음은 정량 분석입니다. 재무 3표를 보기 전에 기본 중의 기본인 매출액과 순이익의 추이부터 확실히 확인해두어야 합니다. 여기서 그동안 언급하지 않았던 체크 포인트 하나를 더 소개해드리겠습니다. 바로 매출액과 시가총액의 비교입니다. 현재의 매출액에 비해 시가총액이 극단적으로 클 경우, 이미 시장의 기대치가 상당히 높아진 상태임을 의미합니다. 보통 매출액이 시가총액의 1~5배 정도일 때가 투자하기에 바람직한 상태라고 봅니다.

이처럼 매출액과 시가총액의 비교가 끝났으면, 드디어 재무 3표를 확인해야 할 순간이 찾아옵니다. 리구아의 2020년 3월기 결산보고서에 게재된 재무 3표를 보면 다음과 같은 세 가지 특징을 알 수 있습니다.

① 재무상태표를 보면, 현금 등이 증가하여 총자산이 증가하고 있다. 순자산의 증가가 크고, 전년 대비 부채비율도 줄고 있다.

② 손익계산서를 보면, 당기순이익의 증가가 현저하다.

③ 현금흐름표를 보면, 본업에서 수익이 나고 있고, 적극투자를 위한 차입으로 레버리지효과를 거두고 있다.

이것 말고도 좀 더 자세히 설명하고 싶지만, 이 정도로 마무리하겠습니다. 나머지는 독자 여러분 스스로 지금까지 공부한 것을 바탕으로 더 깊이 분석해보면 좋을 것 같습니다.

소형주의 주가는 기대감에 따라 출렁이는 경우도 많다

마지막으로 신흥기업의 주식에 투자할 때 주의해야 할 점을 한 가지 말씀드리겠습니다. 주가는 원래 투자가의 기대치로 결정되는 것이긴 합니다만, 신흥기업의 경우에는 특히 크게 요동칠 수 있습니다. 이런 기업의 주식은 발행 수가 비교적 적기 때문에, 투자자들의 기대가 지나치게 과열되거나 반대로 얼어붙으면 아무래도 변동 폭이 커지는 경향이 있습니다. 또, 신흥기업이 아니라 해도 소형주들은 투기꾼들의 작전에 주가가 출렁이기 쉽습니다. 소형주들은 성장주로서 기대할 수 있는 반면, 항상 일정한 리스크가 따라다닌다는 사실을 절대 잊지 말아야 합니다.

주식투자 분석은 대략 이상과 같은 순서로, 종목마다, 그리고 적어도 4분기마다 반복할 필요가 있습니다. 처음에는 힘들지 모르지만, 이 부분을 대충 넘어가면 자산을 늘리는 것은 하늘의 별 따기입니다. 다시 한번 강조하지만, 투자는 노동처럼 땀 흘린 만큼 보답받습니다. 우선은 재무 3표를 들여다보는 버릇을 들이며, 숫자와 싸움하는 꾸준한 작업에 열심히 땀을 흘려보시길 바랍니다!

원칙 41 주식투자 분석은 꾸준히 공부하며 반복하다 보면 '감'이 온다!

42 | 자산을 불리기 위한 가계부 작성과 라이프 플랜 활용

돈의 움직임이 한눈에 보이도록 한다

애당초 기업들은 왜 결산서를 만드는 걸까요? 그것은 성장하기 위해서입니다. 기업은 사업활동을 할 때, 경영계획을 세우고 수지 균형을 맞춰 전략을 짭니다. 이후 진행 과정과 실적을 보며 계획을 개선해 사업투자를 하고, 또 개선합니다. 이렇게 PDCA[Plan(계획)-Do(실행)-Check(확인)-Adjust(조정)] 사이클을 돌리면서 성장해가는 기업은 체계적으로 노력한 결과가 시가총액에 반영되어 규모가 커집니다.

따라서 성장하려는 기업은 평상시 돈의 출입을 파악해, 그 과정을 장부에 제대로 기록함으로써 불필요한 낭비를 줄이고 적극적으로 사업투자에 뛰어들 수 있습니다. 이처럼 기업에 드나드는 돈의 움직임이 한눈에 보이도록 하는 작업은 기업 성장을 위해 꼭 필요한 일이며, 이를 소홀히 여기는 기업은 미래가 없습니다.

중소 영세기업 대표 중에는 허술한 돈 관리를 하면서 '경기가 나

빠 돈을 벌지 못한다'라고 투덜거리는 사람도 있습니다. 하지만 돈을 벌지 못하는 이유를 경기 탓으로만 돌리면 문제가 해결될까요? 투덜거리며 불평하기 전에 해야 할 일이 있습니다. 일단 회사의 경리 장부를 검토해보는 것입니다. 그동안 이익이 나지 않았던 진정한 원인을 찾아낼 수도 있고, 경우에 따라서는 수익을 내는 길을 찾게 될지도 모릅니다.

이것은 개인의 돈 관리에서도 마찬가지입니다. 매일 들어오고 나가는 돈을 제대로 파악하는 것이야말로 무엇보다 중요합니다. 수입보다 지출이 많으면 그건 적자라는 이야기입니다. 기업회계라면 적자인지 아닌지는 특히 손익계산서에 정확하게 기록됩니다. 이외에도 재무상태표와 현금흐름표를 함께 관리하면 돈의 움직임을 여러 각도에서 한눈에 보이도록 만들 수 있습니다.

자산 관리의 첫걸음은 나만의 재무상태표, 가계부

독자 여러분께 '나만의 재무 3표'를 작성하는 것을 강력히 추천합니다. 이것은 투자를 시작하기 전에 해야 할 대전제 작업이라 할 수 있습니다. 그런데 그 전에 먼저 해야 할 일이 있습니다. 바로 가계부를 쓰는 것입니다.

우선 자산 상황을 가계부를 통해 한눈에 파악할 수 있도록 하고, 해마다 정리해 라이프 플랜 작성에 반영합니다. '가계부를 쓰다니… 귀찮게…'라고 생각하는 분들은 땀 흘린 만큼 그 고생이 성과로 돌아온다는 사실을 기억하고 도전해보시기 바랍니다! 가계부는 개인 재무관리의 첫걸음으로, 정말 중요합니다. 그리고 일단 익숙해지면 그렇게 대단한 작업도 아닙니다. 하루에 5~10분이면 되는 일입니다. 그러니 우선 가계부를 쓰는 버릇을 들여보십시오. 최근에는 스마트폰에서 쓸 수 있는 다양한 가계부 앱도 나오고 있어 굳이 따로 장부를 마련할 필요도 없습니다.

일단 제일 중요한 것은 가계부를 재무상태표라고 생각하고 보는 것입니다. 보통 가계부라고 하면 생활비를 한눈에 볼 수 있게 만든 기록으로, 아무래도 적자인지 흑자인지에만 관심을 기울이게 됩니다. 하지만 자산 운용에 있어서 중요한 것은 (월말 등 특정 시점의) 재무상태표입니다. 즉, 가장 신경 써야 할 부분은 수지타산이 아니라 자산 자체를 늘리는 것입니다. 이것이 가계부의 대전제가 되어야 한다는 것을 투자자는 잊지 말아야 합니다.

라이프 플랜표로 미래의 예상 지출 설계

기업의 재무를 기업 재무관리Corporation Finance라고 한다면, 개인의 재무는 개인 재무관리Personal Finance라고 부릅니다. 자신이나 가족이 처한 자산 상황, 개인 재무 상태를 올바르게 이해하면, 미래를 예측하며 좀 더 나은 방향으로 개선해나갈 수 있습니다. 개인 재무를 나타내는 재무 관련 도표를 보통 '라이프 플랜표(생애 계획표)'라고 부릅니다. 자신의 꿈이나 목표에 접근하는 이른바 설계도에 해당하기 때문에, '개인의 자산설계서'라고 생각해도 좋을 것입니다.

저도 회원으로 가입해 있는 특정비영리활동법인 일본파이낸셜플래너스협회(일본FP협회)에서는 누구나 자유롭게 사용할 수 있는 생애 계획표를 무료로 제공하고 있습니다. PDF판과 엑셀판이 있는데, 협회 홈페이지에서 다운로드할 수 있습니다. 특히 엑셀 버전은 PC에서 숫자를 입력하기만 하면 그대로 저장하고 관리할 수 있어 매우 편리합니다.

지금부터는 이것을 사용해 생애 계획표 만드는 법과 사용법을 간단히 설명해보겠습니다.

첫 번째 생애 계획표는 도표33의 '수입·지출 확인표'입니다. 말하자면, 나만의 손익계산서라 할 수 있는 수입·지출 확인표를 작성해 가계의 수지 균형을 파악하려는 것입니다. 그리고 이를 통해 알 수 있는 것은 내 '저축 능력'입니다. 이 표에서 연간 수입과 지출을 보면 적자인지 흑자인지, 혹은 그 규모가 얼마나 되는지를 한눈에 이해할 수 있게 됩니다.

도표33 · 가계의 수입·지출 확인표(견본) | 출처·일본 FP협회 홈페이지 자료 번역

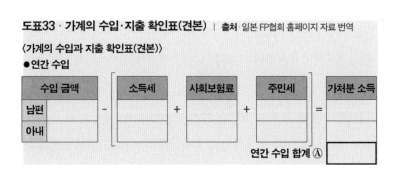

〈가계의 수입과 지출 확인표(견본)〉

●연간 수입

수입 금액		소득세		사회보험료		주민세		가처분 소득
남편	−		+		+		=	
아내								
						연간 수입 합계 Ⓐ		

● 연간 지출

지출 항목	내용	매월 지출 ①	1년에 몇 번 있는 지출 ②	연간 지출 ①×12+②
기본 생활비	식비, 수도·전기요금, 통신비, 일용 잡화비 등			
주거 관련비	대출 상환, 관리비, 월세, 재산세 등			
차량비	주차장 사용료, 기름값, 자동차세 등			
교육비	학교 교육비, 기타 학습에 들어가는 비용			
보험료	가족 전원의 보험료			
기타 지출	레저비, 교통비, 관혼상제비 등			

연간 지출 합계 ⑧ [   ]

1년에 저축할 수 있는 돈 ⓐ - ⑧ [   ]

원 포인트 레슨

가처분소득 확인법

회사원이라면 급여와 보너스, 자영업이라면 사업 수입 중에서 실제로 사용할 수 있는 돈이 가처분소득이다.

회사원의 경우

◀─────────────────── 급여 수입 ───────────────────▶

사회보험료	소득세·주민세	가처분소득

※ 주민세, 소득세, 사회보험료는 근무처로부터 받는 원천징수표, 주민세는 매월 급여명세서와 납세통지서로 확인한다.

자영업의 경우

◀─────────────────── 사업 수입 ───────────────────▶

사회보험료	소득세·주민세	필요 경비	가처분소득

※ 각각의 금액은 확정신고서와 납세통지서에서 확인한다.

도표34 · 가계 재무상태표(견본) | 출처·일본FP협회 홈페이지 자료 번역

〈가계 재무상태표(견본)〉

자산		부채	
현금		주택 대출	
보통예금 등		자동차 대출	
정기예금		카드론	
저축형 보험		학자금 대출	
주식		기타	
채권			
투자신탁			
기타 투자 상품			
주택			
기타			
자산 합계 Ⓐ		부채 합계 Ⓑ	

자산 합계 Ⓐ – 부채 합계 Ⓑ = 순자산 [　　　]

원 포인트 레슨

자산과 부채로 계산할 것

자산이란 소유한 현금, 예·적금, 주식 등 유가증권을 뜻한다. 하지만 가족 전체의 자산을 계산할 때는 학자금 대출 등 숨겨진 부채도 잊지 말아야 한다. 즉, 가계의 재무 상태를 생각할 때는 자산에서 부채를 뺀 값인 순자산을 염두에 두어야 한다. 순자산이야말로 진정한 의미의 자산이라고 할 수 있다. 매년 수입과 지출에서는 건전한 가계로 보여도, 순자산이 마이너스면 금리가 높은 부채부터 갚아나가는 등 대책을 검토해야 한다.

도표35 · 라이프 이벤트표(예시) | 출처·일본FP협회 홈페이지 자료 번역

미래 이벤트와 비용을 고려한 라이프 이벤트표

현재 가계 상황을 파악했다면, 미래도 생각해봅시다. 라이프 이벤트표에 자신이나 가족의
향후 10년, 20년 미래에 대해 써보고, 이미지를 구체화해봅시다.

연도	가족 연령					라이프 이벤트	들어가는 돈
	남편	아내	장남	차남	장녀		
20X □	35	32	5	3	0	장남과 차남의 5, 3세 축하 잔치	15만 엔
20X ○	36	33	6	4	1	차남 유치원 입학	입학비 5만 엔
20X △	37	34	7	5	2	장남 초등학교 입학, 차남 5세 축하 잔치	축하 잔치 5만 엔

원 포인트 레슨

가족 모두의 꿈과 목표를 알아내자

지금 알고 있는 범위 내에서 예정이나 목표를 기입해보도록 한다. 언제, 어느 정도의 비용
이 들어갈 것 같은지 대략적인 예산을 세워도 좋다. 눈에 보이는 형태로 기록해봄으로써 미
래의 이미지를 구체화하는 것이 중요하다.

도표36 · 가계 현금흐름표(견본) | 출처·일본FP협회

〈현금흐름표 쓰는 법(견본)〉

연도	년	년	년	년	년	년	년	년
경과 연수	현재	1년 후	2년 후	3년 후	4년 후	5년 후	6년 후	7년 후
남편의 나이	38	39	40	41	42	43	44	45
아내의 나이	35	36	37	38	39	40	41	42
자녀의 나이	5	6	7	8	9	10	11	12
자녀의 나이	3	4	5	6	7	8	9	10
자녀의 나이	가족 이벤트 기입							
라이프 이벤트			장남 초등학교 입학		차남 초등학교 입학	차량 구입 및 아내의 아르바이트 수입 감소		남편 승진
남편의 수입	550	550	550	550	550	550	550	610
아내의 수입	110	110	110	110	110	90	90	90
일시적인 수입								
수입 합계 Ⓐ	660	660	660	660	660	640	640	700
기본 생활비	200	200	200	200	200	200	200	200
주거 관련비	175	175	175	175	175	175	175	175
차량비	34	34	34	34	34	34	34	34
교육비	54	54	54	54	54	54	54	54
보험료	40	40	40	40	40	40	40	40
기타 지출	35	35	35	35	35	35	35	35
일시적인 지출						150		
지출 합계 Ⓑ	538	538	538	538	538	688	538	538
연간 수입 Ⓐ-Ⓑ	122	122	122	122	122	-48	102	102
저축 잔액	122	244	366	488	610	562	664	826

(만 엔)

이벤트에 들어가는 비용은 여기에 기입

'금년 저축 잔액 = 전년도 저축 잔액 + 금년 연간 수입과 지출'에서 계산

원 포인트 레슨

20년~30년 분량을 기준으로 작성하자

가계의 수입과 지출 확인표와 라이프 이벤트표로부터 숫자를 옮겨 적으면서, 아이의 교육비가 들어가지 않게 될 때까지, 혹은 은퇴할 때까지 등 20년~30년 정도까지 미래를 그려보며 작성한다.

단, 꿈이나 목표는 시간이 흐르면서 형태를 바꾸어가는 법이다. 생애 계획은 어디까지나 계획이기 때문에, 그때그때 유연하게 재검토한다.

두 번째 생애 계획표는 도표34의 '가계 재무상태표'입니다. 기업의 재무상태표와 같은 것으로, 자산 현황과 부채 상황을 기록합니다. 따라서 이 표를 보면 가계의 '건전도'를 이해할 수 있습니다. 기업의 재무상태표와 마찬가지로 예금이나 자택(소유자일 경우) 등과 같은 자산에서 주택 담보 대출, 자동차 대출 등의 부채를 빼면, 순자산을 계산할 수 있습니다. 이것이 진정한 의미에서 '지금 내가 가지고 있는 자산'입니다.

세 번째 생애 계획표는 도표35의 '라이프 이벤트표'입니다. 이 도표는 기업의 재무 관련 도표와는 조금 다르게 개인이나 한 가정의 미래 설계와 관련된 것입니다. 위의 기입 사례에서 보듯이 몇 년 후에 어떤 중요한 이벤트가 있을 것이며, 돈이 얼마나 들어갈 것인지를 예상해 순서대로 기입합니다. 어찌 보면 기업의 장기 경영계획과도 같다고 할 수 있습니다. 출산, 자녀들의 입학과 진학, 자가용이나 내 집 마련 등 미래의 중요한 이벤트를 예상하여 가능한 한 구체적으로 기입하면 좋습니다.

네 번째 생애 계획표는 도표36의 '가계 현금흐름표'입니다. 이 표는 20~30년 정도 앞을 내다보고, 매년 발생할 수입과 지출을 예상해 기록한 것입니다. 이 도표는 현재 상황에서 이런 꿈이나 목표를 이룰 수 있는지, 가계가 적자가 되지는 않을지를 미리 파악하는 데 도움을 줍니다. 따라서 매년 꾸준히 업데이트할 필요가 있습니다.

우선은 가계부를 쓰고, 그다음에 생애 계획표를 만들어 꾸준히 재검토하며, 필요시 개선해나가야 합니다. 그렇게 하다 보면 우리의 자산 운용은 몰라보게 달라질 것입니다. 이제 막 투자를 시작하는 투자자라면, 벤처기업의 사장이 된 기분으로 '돈의 흐름을 한눈에 파악하는 데' 힘써주시기를 바랍니다. 그리고 그런 과정을 통해 순자산을 계속 늘려가시길 바랍니다!

원칙 42 생애 계획표로 '자산의 미래 예상도'를 그리자.

43

초보자를 위한 투자 수칙 1
- 평생 24억이 필요하다면,
7억을 모으면 된다

지금까지 이 책을 읽어주셔서 감사합니다. 마지막으로 제가 생각하는 초보 투자자에게 필요한 마음가짐을 말씀드려볼까 합니다. 마음가짐 1은 '돈은 쓰면서 늘려가는 것'입니다.

돈은 쓰면서 운용한다

느긋하게 보내는 휴일 오후, 젊은 당신이 '다른 사람보다 빨리 은퇴해 유유자적하게 살고 싶다'라고 꿈같은 상상에 젖어 있다가 문득 한 가지 사실을 깨닫고 현실로 돌아옵니다.

'그래, 그러려면 25억 정도는 있어야 해!'

확실히 25억 원 정도만 있으면, 평균수명까지는 어려움 없이 생활할 수 있을 것 같습니다. 하지만 앞으로는 인생 100세 시대를 지나 더 오래 살 수도 있다고 생각하면, 25억 원도 조금 불안할 것 같습니다.

어쨌든 이 25억 원을 마련하지 못하면, 조기 은퇴는 불가능한 일일까요? 많은 사람이 '당연히 그건 무리지. 지금 내 월급으로 25억을 언제 모아?'라고 깔끔하게 포기해버리는 것 아닌지 모르겠습니다. 하지만 그것은 틀린 생각입니다.

보통 사람들은 '노동한다→저축한다→소비한다→자산이 줄어든다'라고 생각합니다. 그러나 이는 그다지 현명한 발상이 아닙니다. 본래는 이런 흐름 사이에 '투자한다'를 넣어야 하기 때문입니다. 그러면 앞의 흐름은 이렇게 바뀔 것입니다. '노동한다→저축한다→투자한다→저축(자산)이 늘어난다→소비한다→저축이 증가하고 있으므로 자산은 완만하게 감소한다'라는 식으로 흘러갑니다. 그리고 바로 이런 흐름이야말로 바로 투자자가 평생 자산을 관리하는 이상적인 모습이라 할 수 있습니다.

경제적 격차에 대한 실증적 연구와 예리한 격차 사회 비판으로 유명한 프랑스의 경제학자 토마 피케티Thomas Piketty는 'r 〉 g'라는 법칙을 발견했습니다. 여기에서 r은 '리턴(자본수익률)', g는 '그로스(경제성장률)'입니다. 쉽게 말해서 '일해서 임금을 늘려가는 것보다 투자해서 리턴을 얻는 것이 더 빠르다'는 사실을 입증했습니다.

역시 투자는 하는 것이 좋습니다. 저축한 뒤 그것을 그대로 써버리는 것이 아니라 필요한 것에 쓰면서 나머지 자산은 투자를 통해 운용하면 됩니다. 이것이 바로 긴 생애를 통해 자산의 감소를 최대한 줄일 수 있는 길입니다. 물론 투자하려면 최소한의 밑천 자금은 필요합니다. 하지만 그런 밑천 자금을 단순히 장롱예금으로 묵히거나 은행에 보통예금으로 묶어두면 초저금리 시대에는 자산을 불리기 어렵습니다. 오히려 물가가 오름에 따라 자산의 가치는 줄어들고 맙니다.

평생 25억이 필요해도 7억 원이면 조기 은퇴할 수 있는 이유

자, 그럼 잠깐 생각을 바꿔볼까요?

예를 들어 현재 연간 4,000만 원의 소득을 올리는 사람이 40세에 조기 은퇴해 100세까지 산다고 하면, 현재와 비슷한 생활을 유지하기 위해 얼마나 필요한지 생각해봅시다(물가가 오르는 것은 일단 계산하지 않겠습니다). 연간 4,000만 원의 소득을 은퇴한 뒤에도 60년 동안 계속 받을 수 있으면 된다는 계산이 나오고, 그러기 위해서는 24억 원이 필요합니다. 거꾸로 말하면 24억 원이 있으면 안심하고 퇴직할 수 있는데, 결국, 그 돈이 없어 계속 일을 해야만 합니다.

그런데 만일 40세까지 투자를 통해 6억 7,000만 원을 만들고, 이 자금을 다시 투자해 연 6%의 수익을 낼 수 있다면, 매년 약 4,000만 원이 생기는 셈입니다. 이렇게 되면 매년 연봉 4,000만 원을 받는 것이나 마찬가지이기 때문에 6억 7,000만 원으로 퇴직할 수 있게 됩니다. 이것이 바로 젊었을 때 투자를 시작하면 좋은 점 중 하나이기도 합니다. 물론 실제로 매년 6% 수익을 올리기는 쉽지 않으며, 주식에 투자했을 경우 중간에 폭락 사태가 발생할 수도 있습니다. 그럴 때는 예상보다 빨리 자산이 줄어들 위험이 있으므로 실제로는 좀 더 여유를 두고 밑천 자금을 모아두어야 합니다. 예를 들면, 7억 5,000만 원을 모아 해마다 7% 수익을 올리겠다는 목표로 운용하는 것입니다.

최근에는 이런 조기 은퇴 시스템에 관심 있는 사람들이 많아진 것 같습니다. 실제로 저축해놓은 자산 운용으로 몇 살까지 살 수 있는지를 계산해볼 수 있는 은퇴 계산기도 조용히 유행하고 있습니다. 인터넷에 검색하면 나오기 때문에 한번 참조해보는 것도 좋습니다. 이런 경향은 일본과 한국만이 아니고, 미국에서는 FIRE Financial Independence, Retire Early족이라는 말도 나왔습니다. 흔히 '파이어족'이라 부르는 이 사람들은 가능한 한 이른 시일 내에 은퇴해도 괜찮을 만큼 자산을 만들어 경제적 자유 누리기를 추구합니다. 요컨대 일하지 않아도 될 만큼의 재산을 형성한 상태를 가리킵니다.

즉, 이 사람들은 '어느 정도 저축을 했으면 투자한다'는 행동 원리를 계속 실천하면 굳이 '25억 원을 저축하고 나서야 은퇴한다'고 생각하지 않아도 된다는 사실을 알고 있습니다. 예를 들어 7억 원이나 8억 원만 모아두고, 나머지는 쓰면서 투자 운용으로 원금을 보전해나가면 결과적으로 죽을 때까지 필요한 25억 원을 확보할 수 있게 됩니다.

이렇게 말하면 '7억 원 모으기가 얼마나 힘든데…'라고 생각하며, 결국 어느 정도 목돈이 있어야 투자할 수 있는 것 아니냐고 반발할 수도 있습니다. 하지만 세상에는 적은 밑천을 투자해 성공한 사람이 많습니다. 심지어 억만장자가 된 사람 중에도 그런 사례가 꽤 있습니다. 버핏이 바로 그런 경우입니다. 얼마 전 〈니혼게이자이신문〉에서도 비슷한 사례를 다룬 기사가 실렸습니다. 그 기사는 고등학교 중퇴

후 은둔형외톨이로 지내던 청년이 아르바이트로 간신히 모은 650여만 원을 투자해 자산을 1,500억 원까지 불린 이야기였습니다. 더욱 놀라운 것은 이 이야기의 주인공 나이가 이제 30대 초반이었다는 사실입니다. 이런 큰 부자까지는 되지 않더라도 작은 밑천을 꾸준히 늘려가면 누구나 편안한 노후를 보낼 수 있는 정도로 자산을 불리고 운용할 수 있다고, 저는 생각합니다.

그런데 어느 정도 자산을 불릴 때까지 지켜야 할 중요한 법칙이 있습니다. 그것은 '의무적으로 저축하고 의무적으로 투자'하는 습관입니다. 저도 수십 년 전부터 '의무적 투자'를 실천하고 있습니다. 투자는 단돈 몇천 원으로도 시작할 수 있습니다. 예를 들어 장래성 있는 소형주 중에도 아직 1만 원이 안 되는 것들도 꽤 있습니다. 그래서 저는 이왕이면 어릴 때부터 투자를 시작하도록 권하고 있습니다. 만일 독자분들께 어린 자녀가 있다면 반드시 투자를 가르치시길 바랍니다. 물론 부모님이 꼼꼼하게 투자의 의미와 방법을 잘 알려주고, 성인이 될 때까지는 계좌를 관리해주는 것이 필수입니다. 어쨌든 어린이들도 세뱃돈이나 용돈 1만 원 정도로 투자를 시작할 수 있습니다. 게다가 투자를 어릴 적에 시작하면 자동으로 장기투자가 되니 이보다 더 좋을 수는 없습니다!

어릴 적부터 1만 원, 2만 원으로 시작한 투자가 몇십 년 후에는 얼마가 될까요? 그런 투자의 즐거움을 자녀에게 꼭 가르쳐주시길 바랍니다.

작은 습관을 몸에 익히다

이야기를 우리의 투자로 되돌리겠습니다. 요점은 투자에서 제일 중요한 것은 자신을 다스리면서 조금씩이라도 좋으니까 계속하는 것입니다. 사람의 마음은 약한 법입니다. 지갑에 1만 원짜리 지폐밖에 없을 때는 점심 메뉴도 간소해집니다. 그러다가 10만 원이 들어 있으면 참지 못하고 점심으로 스테이크를 먹는 데 2만 5,000원을 써버릴지도 모릅니다만. 지갑에 1만 원밖에 없으면 편의점 주먹밥으로 점심을 해결하지만, 10만 원이 있으면 스테이크를 먹는 것이 인간입니다. 예전에는 은행 창구나 ATM기에서 찾지 않으면 현금을 손에 넣을 수 없었습니다. 이런 사실은 충동 소비를 막는 하나의 장벽이 되어주었습니다. 하지만 이제는 편의점에도 ATM기가 들어오고, 게다가 현금 없이 신용카드나 스마트폰 결제로 쉽게 쇼핑할 수 있는 시대가 되었습니다. 아무래도 그 때문에 편리함과 함께 낭비가 더 늘었다고 생각됩니다.

하지만 여기서 잠깐 발상의 전환을 하면, 위기를 기회로 바꿀 수도 있습니다. 예를 들어, 신용 카드나 스마트폰으로 쇼핑할 때는 반드시 그 자리에서 문자로 날아온 명세서를 확인하는 버릇을 들이는 것입니다. 보통 이달에 결제해야 할 금액이 함께 표시되기 때문에, '너무 많이 썼구나, 이럼 안 되는데!' 하고 자각할 수 있습니다. 실제로 이 책의 일본어판 편집자도 그렇게 지출을 관리한다고 합니다.

여담입니다만, 이 편집자는 그때그때 자주 카드 명세서를 확인하는 습관 덕분에 기억에 없는 소액 청구를 눈치채고 카드사에 연락해 부정 청구 사기를 피할 수 있었습니다. 액수가 책 한 권 가격인 1만 5,000원 정도라 명세서를 잘 보지 않았더라면 그냥 지나쳤을 것입니다.

어쨌든, 조기 은퇴하기 위해서 반드시 고액의 자산을 마련할 필요는 없습니다. 필요한 것은 어느 정도의 자본과 그것을 어떻게 운용할지에 대한 금융 지식입니다. 자, 오늘부터라도 저축에 힘쓰고, 그렇게 모은 돈을 투자에 활용해봅시다!

원칙 43 자산을 불리는 요령은 '강제 저축'과 '강제 투자'다.

44 | 초보자를 위한 투자 수칙 2
– 돈은 제멋대로 늘어나지는 않는다

편한 투자에 계속 성공하는 사람은 없다

투자에는 '돈이 돈을 낳는다'라는 이미지가 있습니다. 하지만 이것은 잘못된 오해입니다. 돈이 저절로 돈을 낳아주는 일은 절대 없습니다. 그런 생각은 지금 당장 버려야 합니다. 입이 닳도록 했던 이야기를 다시 반복하자면, 투자라는 것은 결코 간단하고 쉬운 작업이아닙니다. 엄청난 노력이 필요합니다. 이 사실을 너무 끈질기게 강조하니까 '역시 투자는 어렵네' 하고 포기하려는 사람들도 있을 것 같습니다. 하지만 이것도 옳지 않은 생각입니다.

경제적 풍요를 가져다줄 투자 종목을 선별하는 능력은 꾸준한 노력으로 누구나 갖출 수 있습니다. 그런 의미에서 지금부터는 주식투자 분석의 기초라 할 수 있는 종목 선별에 대해 다시 한번 복습해보겠습니다.

예를 들면, 일본 삿포로 증권거래소인 앰비셔스Ambitious에 상장된

RIZAP 그룹(미용 및 건강 관리, 패션 및 잡화, 스포츠용품의 기획·개발·제조 및 판매, 주택·리폼 사업 등 다양한 사업을 하는 그룹 - 옮긴이)에 투자하려고 분석한다고 가정해봅시다. 이 기업은 강렬한 인상을 주는 광고로 유명하고(유명 배우나 탤런트의 비포·애프터 영상으로 화제가 된 광고를 하고 있다 - 옮긴이), 그래서인지 아주 친숙한 기업입니다. 하지만 투자할 때는 낯선 기업을 대할 때처럼 기초부터 조사해나가야 합니다. 보통 일반 개인투자가들이 먼저 해야 할 일은 이 회사의 홈페이지, 신문, 잡지, 인터넷 등에서 정보를 모아 사업이나 재무 상황을 분석하고, 투자 여부를 판단하는 것입니다.

그런데 이런 전통적인 수법 말고도 좀 더 구체적으로 기업을 조사하는 방법이 한 가지 더 있습니다. 기업을 한층 더 심도 있게 분석하기 위해 기업이 판매하는 제품이나 서비스를 직접 체험해보는 것입니다. 지금 예로 든 RIZAP 그룹 같은 경우엔 회사의 퍼스널 트레이닝을 받아보면 됩니다. 그것만으로 끝나서는 안 됩니다. 경쟁사가 될 것 같은 기업의 퍼스널 트레이닝도 체험해보고, 각각에 대해 보고서 형식으로 간단히 정리해두면 좋습니다. 이 회사의 다른 제품이나 서비스에 대해서도 마찬가지로 직접 체험하거나 주위 사람들의 의견을 듣는 것도 좋습니다. 그러면 재무분석만으로는 알 수 없는 사실이 보입니다. 타사와 어떻게 차별화되어 있는지, 트레이너의 기량과 자질, 스포츠센터의 입지, 설비, 요금 체계 등 생생하고 다양한 정보를 얻을 수 있을 것입니다.

이런 정보들은 투자 성공에 반드시 큰 도움이 됩니다. 다른 사람보다 더 많은 땀을 흘려 얻은 정보이니 더욱 그러할 것입니다. 투자 분석에 흘린 땀은 반드시 수익으로 바뀌기 마련입니다. 문자로 날아오는 정보나 다른 사람들에게 들은 이야기에만 의존하지 말고, 스스로 머리와 몸을 써서 결과를 거둬야 합니다!

이 책에서는 일본의 신흥기업을 위한 시장으로서 주로 도쿄 증권거래소의 마더스를 이야기했습니다만, 삿포로 증권거래소 앰비셔스 같은 신흥시장에도 적은 수이지만 우량한 소형주들이 거래되고 있습니다. 일본투자를 생각 중이라면 나고야 증권거래소나 후쿠오카 증권거래소 쪽의 주식시장도 살펴보면 좋겠습니다.

또 다른 이야기입니다만, 도쿄 증권거래소가 대규모 주식시장 재편 계획을 밝힌 바 있습니다. 현재의 1부, 2부, 자스닥, 마더스라는 4개의 시장을 '프라임', '스탠더드', '그로스'로 이루어진 3개의 시장으로 재편하는 계획으로, 2022년 4월부터 시작될 예정입니다. 주식 투자 방식이 바뀌는 것은 아니지만, 기존의 상장 종목이 어디에 배정되는가는 개인투자가의 투자 전략에도 관련된 일이니 일단 관심을 가지고 지켜보셨으면 합니다.

투자에는 지름길이 없다. 그릇된 길에는 들어서지도 말라!

5장과 9장에서 강조했듯이 투자는 노동과 같습니다. 노동의 보수(급여나 상여금)란, 열심히 땀을 흘리며 일한 만큼의 대가입니다. 열심히 일하지 않으면, 월급이 오르지 않을 뿐만 아니라 때로는 구조 조정의 대상이 될 수도 있습니다. 마찬가지로 투자라는 노동의 보수(배당금이나 상승수익)도 열심히 땀 흘린 사람만이 얻을 수 있는 대가입니다.

그렇다고는 해도 잘못 흘린 땀에는 아무런 의미가 없습니다. 중요한 것은 올바른 땀을 흘리는 방법을 배우는 것입니다. 투자가에게 있어서 올바른 땀을 흘리는 방법이란, 첫째, 필요한 정보를 정확하게 입수하기 위한 지식을 익히는 것, 둘째, 그 지식을 바탕으로 자신만의 머리와 몸을 써서 다른 사람보다 많은 땀을 흘리는 것입니다. 이때 항상 염두에 두어야 할 것은 기초적인 능력이 없으면, 응용 능력도 없다는 사실입니다.

최근에는 투자의 세계에도 IT화가 진행되어, 인공지능을 바탕으로 한 자동 매매 시스템이 잇달아 등장하고 있습니다. 보통 성공 확률 ○%라거나, 매수와 매도 시점을 자동으로 가르쳐주기 때문에 수익률이 보장된다고 하는 등 여러 가지 선전 문구로 사람들을 끌어들여 상당한 이용료를 받는 것으로 압니다.

분명히 말하지만, 이런 자동 매매 시스템을 이용해 수익이 날 정도라면 투자자 중 손해 보는 사람은 아무도 없을 것입니다. 정말로 자동으로 수익이 난다면, 자금 운용 전문가인 펀드매니저도 필요 없게 될 것이고, 연금을 운용하는 일본 GPIF(연금적립금관리운용독립행정법인)도 걱정할 일이 없을 것입니다.

전문투자가는 절대로 자동화 시스템에 의지하지 않습니다. 왜 그럴까요? 답은 간단합니다. 믿을 수 없기 때문이고, 편하기만 한 투자 시스템은 아무 의미도 없기 때문입니다. 돈을 받는 자동 매매 시스템이나 주식 정보 사이트를 통해 편하게 투자하는 것은 극단적으로 말하자면, 그릇된 길에 들어서는 어리석은 행동입니다. 투자의 왕도는 스스로 땀을 흘리는 길밖에 없고, 지름길도 없습니다. 돈이 돈을 낳는 것이 아니고, 오직 내 노력만이 돈을 만들어낼 뿐입니다.

정리 44 편하게 벌 수 있는 투자는 없다.
수익은 흘린 땀의 양에 비례한다!

45 │ 초보자를 위한 투자 수칙 3
― 투자야말로 궁극의 절세술

한정된 시간과 에너지를 무엇에 쓸 것인가

갑작스러운 이야기이지만, 여러분은 혹시 절세에 관심이 있습니까? 모두 "당연하지!"라고 외칠 듯합니다. 세상에 절세에 관심이 없는 사람은 어디에도 없습니다. 이 책을 쓰고 있는 저도 마찬가지입니다. 땀 흘려 번 소중한 자산을 한 푼이라도 잃어버리기 싫은데 상당한 액수를 세금으로 바쳐야 한다니, '딱 질색이다!'라고 생각하는 것은 인지상정입니다.

그래서인지 서점에는 수많은 절세법 지침서가 나와 있습니다. 그리고 연초 확정신고 철이 되면 기부금, 혹은 보험이나 연금 상품으로 세액공제를 받기 위해 이리저리 알아보기도 합니다. 연간 일정액 내에 증여세가 비과세되는 조건을 활용해 일부를 가족에게 주는 경우도 있습니다. 이 모든 것이 어떻게 해서든 세금을 줄이려고 백방으로 노력한다는 증거입니다.

물론 절세는 할 수 있으면 해야 합니다. 그러나 너무 절세에 열중하다가 오히려 엉뚱한 낭비를 할 수도 있습니다. 즉, 지금 자신이 선택한 절세법이 어쩌면 낭비로 이끄는 덫일지도 모릅니다! 이 부분은 냉정하게 판단해야 합니다. 예를 들어 세금을 조금이라도 덜 내려고 안간힘을 다해 영수증을 긁어모아 과세 소득을 몇십만 원, 몇만 원 줄여 봤자 절세할 수 있는 소득세는 기껏해야 몇만 원, 몇천 원입니다. 결코 비용 대비 효과가 있는 행동은 아닙니다. 의료비와 세액공제를 받으려고 가벼운 증상에도 병원을 찾아다니며 노력과 시간을 낭비했을 뿐만 아니라, 그러다 정말 중병에 걸려 수입이 크게 줄었다는 웃지 못할 사연도 있습니다.

절세를 위한 또 다른 사례로 iDeCo(이데코, 일본의 개인형 연금)로 소득세를 이연(移延)하는 것이 있습니다. 하지만 iDeCo 등의 이연 효과도 당장 눈앞의 과세액을 줄여주는 것일 뿐이고, 납세액 자체는 사실 별로 변하지 않는 경우가 대부분입니다.

심지어 더 큰 절세 효과를 노리고 필요도 없는 보험 상품이나 고급차 등 고가의 상품을 사버리는 사람도 있습니다. 그러나 이는 소중한 밑천 자금을 깎아 먹는 어리석은 행동입니다. 더 위험한 것은 이른바 절세 대책에만 골몰해 적법과 불법 사이에서 아슬아슬 줄타기하며 세금을 줄여보려는 사람들입니다. 하지만 이런 회색 행동은 위험합니다. 지금은 흰색(적법)처럼 보여도 법이 바뀌거나 매년 개정되는 세제에 의해 검은색(불법)으로 바뀔 가능성도 있습니다. 그렇게 위험한 다리를 건너면서까지 절세를 하는 이유를 저로서는 도무지 이해할 수 없습니다.

'수비형 절세'와 '공격형 투자' 중 가성비가 좋은 쪽은?

절세는 결국 수비형 자산 관리법입니다. 몇천 원이라도 아낄 수 있다면, 티끌 모아 태산이기 때문에 전혀 의미가 없는 것은 아닙니다. 하지만 한계가 있다는 것도 알아야 합니다. 눈앞의 작은 액수 때문에 소중한 노력과 시간을 낭비하기보다 다른 방법은 없는지 생각해 보아야 합니다. 공격은 최대의 방어라는 말도 있습니다. 따라서 수비형 절세보다는 공격형 투자가 오히려 나의 자산을 지키는 데 더 유리할 수 있다는 사실을 잊지 말아야 합니다.

예를 들어, 일본에서 주식투자로 1억 엔의 수익을 올렸다고 가정해봅시다. 그러면 세금은 얼마나 내야 할까요? 원천징수가 있는 거래 계좌를 이용한다면, 세율은 부흥특별세를 제외하고 20%(소득세 15%+주민세 5%)입니다. 그런데 이것이 일반 소득이라면 소득세와 주민세를 합해 거의 절반 정도는 세금으로 뗍니다. 이처럼 같은 1억 엔의 수입이라도 수중에 남는 돈은 현격히 달라집니다. 또 2023년까지는 1년 동안 120만 엔까지의 소액투자의 경우엔 현 NISA(소액투자 비과세 제도)도 이용할 수 있습니다(2024년부터는 새로운 NISA 제도로 바뀝니다).

원래 세금을 낸 후 남는 돈이 내가 자유롭게 사용할 수 있는 내 돈입니다. 그런데 이 돈을 그대로 인덱스펀드에 넣어 장기투자할 경우지수는 꾸준히 오르기 때문에, 투자한 내 자산이 불어나는 것은 물론이고 몇 년 앞서 낸 세금은 충분히 되찾을 수 있습니다. 이처럼 투자할 때 무조건 세금을 아끼겠다는 생각보다는 적극적인 투자를 통해 먼저 낸 세금 이상의 수익을 올려보겠다는 마음을 꼭 가졌으면 합니다.

'들어올 것을 계산하고 나갈 것을 재라'고 하는 격언도 있습니다. 이 말을 투자자에게 적용하면 나가는 세금을 줄이기에 앞서, 들어올 수익을 최대한 늘리는 데 힘쓰라는 뜻이 됩니다. 따라서 우리가 무엇보다 먼저 해야 할 일은 수비형 절세가 아니라 공격형 투자입니다. 모처럼 노력해서 땀을 흘린다면 절세보다는 투자에, 즉 더욱 긍정적이고 미래가 있는 일에 인생의 소중한 시간을 쓰시기를 간절히 바랍니다.

그럼, 독자 여러분의 밝은 미래를 기원하며 글을 마치겠습니다.

원칙 45 자산을 불리는 것보다 더 큰 절약은 없다!

마
치
는
말

이 책을 끝까지 읽어주셔서 감사합니다. 제가 이끄는 글로벌 파이낸셜 스쿨의 미션은 한 사람이라도 더 올바른 투자를 하도록 바른 금융투자 교육을 하는 것입니다.

제 모국인 일본은 선진국 중에서도 매우 경제성장률이 낮은 나라 중 하나입니다. 하지만 그런 가운데서도 크게 성장하는 기업들은 많습니다. 국내뿐만 아니라 해외로도 눈을 돌리는 글로벌기업들이 늘어나면서 사업 무대가 넓어지는 것이 가장 큰 이유로 보입니다.

그렇다고 국제적으로 사업을 넓히지 못하는 기업에는 투자할 가치가 없다는 말은 아닙니다. 처음에는 국내에서 사업을 하다가 머지않아 글로벌하게 규모를 키우는 기업도 많으므로 항상 기업에 대해 공부해야 합니다.

소규모 벤처기업일수록 회사의 가치가 커질 가능성을 안고 있습니다. 미국의 애플은 창업자인 스티브 잡스가 지인들과 함께 단 세

명이서 자기 집 차고에서 시작한 기업으로 유명합니다. 현재 애플은 세계에서 가장 시가총액이 큰 기업으로 성장했습니다.

일본에서는 지금 많은 사람이 이용하는 온라인 중고거래 플랫폼 메루카리Mercari가 좋은 예입니다. 창업했을 때 1주가 원화 5,000원 정도로, 4만 주를 발행해 시가총액은 약 2억 원이었습니다. 그 후 주식의 분할을 거듭했기 때문에 창업 당시 주당 대략 5,000원이었던 것이 지금은 5원에 해당한다고 합니다. 하지만 2018년 6월 19일 상장 당시 공모가는 주당 대략 3만 원이었으니 이미 그때부터 주가가 발행 당시보다 6,000배 오른 상태였습니다. 그리고 상장 시의 첫 가격은 약 5만 원을 기록했고, 그 후 이 기업은 사업을 해외로도 전개하며 성장하고 있습니다. 그동안 주가 변화를 보면 상장 후 2만 원 아래로 폭락한 적도 있었지만, 2021년에 6만 4,000원을 넘어서는 기록을 세우기도 하면서 2021년 4월 말 집필 당시, 시가총액은 8조 5,000억 원을 넘었습니다.

세계적인 캐주얼 웨어 전문 체인 사업을 하는 유니클로의 모기업 패스트 리테일링이나 퍼스널 컴퓨터용 패키지 소프트웨어 유통업에서 시작된 소프트뱅크 그룹도 상장 당시 주가와 시가총액을 보면 지금과 비교도 안 될 정도로 터무니없이 작은 회사였습니다.

이와 같이 미래에 몰라보게 성장할 기업은 여전히 많고, 앞으로도 계속 나타날 것입니다. 이런 기업을 찾아내 응원하는, 즉 그 기업의 주주가 되는 것이야말로 경제 활성화를 응원하면서 자신의 자산도 성장시킬 수 있는 비결입니다.

투자로 자산을 늘려야 한다고 하면 "내가 나이가 좀 많아서…"라며 주저하는 사람도 있습니다. 그런 분들은 원화로 134조가 넘는 자산을 보유한 유명한 투자가 버핏이 아르바이트로 모은 5,000달러로 투자를 시작한 나이가 14세였다고 하면, "역시 투자는 젊었을 때 시작해야 해"라고 할 것 같습니다. 그런데 버핏이 급격히 자산을 불린 것은 50세가 넘어서부터입니다. 물론 그때까지 꾸준히 자산을 늘려오기는 했지만, 세계적인 투자가로서 실력을 발휘하기 시작한 것은 인생 후반부로 접어들면서입니다. 따라서 이미 늦었다고 포기해버리면 거기서 끝이고, 그 뒤에 기다리고 있을 정말 큰 결실을 보지 못할 수도 있습니다.

물론 투자를 조금이라도 빨리 시작하면 유리한 것은 틀림없습니다. 따라서 이 책을 읽는 독자라면 누구든 투자에 흥미를 가지고, 올바르게 이해한 다음 실천해보시길 진심으로 바라는 바입니다.

덧붙여 이 책의 제목은 《투자로 이익을 내는 사람들의 45가지 원칙》입니다만, 숫자에 특별한 의미가 있는 것은 아닙니다. 제가 생각하는 '성공 투자를 위한 소중한 비결'을 하나씩 하나씩 정리하다 보니 항목 수가 45가지에 이른 것뿐입니다. 부디 이 책이 독자 여러분이 공부하고 경험을 거듭하면서, 투자해나가는 가운데 '나만의 원칙'을 찾아갈 수 있는 계기가 되기를 바랍니다.

마지막으로 이 책을 집필하는 데 도움을 주신 글로벌 파이낸셜 스쿨의 강사진과 운영 스태프, 닛케이BP 니혼게이자이신문 출판부의 아미노 카즈노리 씨와 타카시마 타케오 씨, 그리고 응원해주신 모든 분들께 이 자리를 빌려 감사의 말씀드립니다.

글로벌 파이낸셜 스쿨 교장

이치카와 유이치로

손실 없는 수익으로 이끄는 투자 수업
투자로 이익을 내는 사람들의 45가지 원칙

초판1쇄 인쇄   2022년 5월 16일
초판1쇄 발행   2022년 6월 1일

지은이   이치카와 유이치로
옮긴이   유윤한

발행인   조인원
발행처   (주)서울문화사
등록일   1988년 12월 16일 | 등록번호 제2-484호
주소   서울시 용산구 한강대로43길 5 (우)04376
문의   02-791-0762
이메일   book@seoulmedia.co.kr

ISBN 979-11-6438-983-4 (03320)